GEDANKEN-Impulse

…für dein Leben mit deiner Seele

Die Wollen-Impulse für die Ausbalancierung der äußeren und der inneren Welt des Menschen

„Aus Wissen muss Wollen werden!"
So lautet die magische Formel der Hermetischen Tradition

Bernhard P. Wirth

1. Auflage, Oktober 2024

Bibliografische Information der Deutschen Nationalbibliothek:

Die Deutsche Nationalbibliothek verzeichnet diese Publikation

in der Deutschen Nationalbibliothek.

Detaillierte bibliografische Daten sind im Internet über http://dnd.dnd.de abrufbar.

Verlag: BoD · Books on Demand GmbH, In de Tarpen 42, 22848 Norderstedt

Druck: Libri Plureos GmbH, Friedensallee 273, 22763 Hamburg

© 2024 Bernhard P. Wirth

ISBN: 978-3-7693-0172-4

Ein herzliches und seelisches Dankeschön

Wenn ein Buch erscheint, so steht immer der Autor im Vordergrund.

Das ist nicht besonders fair, weil es immer Menschen bedarf, die eine solche Publikation überhaupt erst ermöglichen. Das war natürlich auch bei mir der Fall.

Und die lieben Menschen, die mir während des Entstehens dieses Buches durch ihre Mitarbeit beiwohnten, sollen hier nun besondere Erwähnung finden.

An Viktorija Rakucha für ihre mentale Begleitung durch die Zeit der Übersetzungen aus den unterschiedlichen Kulturen und Traditionen. Das Herausschälen der tiefen, akausalen Erkenntnisse waren die Grundlagen unserer zeitintensiven Gespräche.

An meine Tochter Stephanie J. Wirth für ihr mühevolles Zusammenfügen meiner handgeschriebenen Textübersetzungen und Skizzen. Durch ihre Mitarbeit wurde immer wieder ein „roter Faden" gestrickt.

An Karolina Fuhrmann für ihr akribisches Hinterfragen. Durch ihre Begabung „komplizierte Denkprozesse" in „sinnhaftes Verstehen" für den Leser zu übertragen, wurde aus einem schwierigen Sachbuch ein verständliches „Lesebuch".

An Stefanie P. Fecht für formgebendes Nachlesen und „Zubereiten" für ein „sinngebendes Verstehen" der Texte und für die Mitgestaltung des Buchcovers.

Widmung

Dieses Buch ist allen Menschen auf unserem Planeten gewidmet, die sich auf die Spurensuche begeben haben, ihrer „unteren" Seele näher zu kommen.

Im Sinne der 1+4 Verbindung aus dem Schöpfungsprinzip 1:4.

Themenübersicht - *Wer suchet, der findet!*

183. Impuls
Danke, danke, danke...

Mit diesem Impuls beende ich diese Gedanken-Impulse-Reihe, und ich möchte mich ganz herzlich bei den Seelen-Menschen bedanken, die durch ihr Lesen der Gedanken-Impulse mich motiviert haben, die Gedanken-Impulse für das Wissen um die 1+4 Verbindung tagtäglich weiter zu schreiben.

Mein seelisches Dankeschön und viele 1+4 Verbindungs-Momente auf eurem Lebensweg.

PS: Ich kann es einfach nicht lassen. Danke hat im Griechischen den Wortstamm von ›Gnade und Freude‹.

182. Impuls
Die Selbstliebe

Das Wort ›Selbstliebe‹ ist in unserer Zeit ein sehr „verbrauchtes" Wort.

Meist wird Selbstliebe für die äußere Hülle des Menschen, ob psychisch oder physisch, von Mitmenschen „verschrien". Mit dem Ziel, äußere Veränderungen (Umhüllungen) zu wandeln.

Manchmal geht die Selbstliebe auch Hand in Hand mit dem EGO-Bewusstsein des Menschen.

Wenn wir unseren Blick ins alte Wissen legen und der Frage nachgehen: „Selbstliebe – was meint dieses Wort im Ursprünglichen?"

›Selbst‹ meint im alten Wissen: Seele, *nicht* „versehentlich" Psyche.

›Liebe‹ meint im alten Wissen: Gnade, ›schenkende Gnade Gottes‹, die auch ordnet. ✤ *siehe 169. Gedanken-Impuls*

Selbstliebe wird im alten Wissen als ein ›Geschenk Gottes‹ gesehen, dieses ›Geschenk Gottes‹ „hilft" dem Menschen auf dem Weg zur 1+4 Verbindung aus dem Schöpfungsprinzip 1:4. Das ›Geschenk Gottes‹ wird durch seine ›Heerscharen‹ zum Menschen gebracht.

181. Impuls
Der Darm
Der Darm des Menschen als Teil der Verdauung. Der Darm nimmt dabei ein wichtiges Geschehen im Körper eines Menschen ein.

›Verdauen‹ von Althochdeutsch »firdouwen« - schmelzen, verflüssigen.

Im alten Wissen wird die Verdauung als ›Verdauung der Lebensinhalte‹ eines Menschen beschrieben.

Die reichhaltige Symbolik vom Bauplan des Menschen:
Der Darm des Menschen kann ab fünf Meter (<4:1>) lang sein und eine Länge bis zu sieben Meter (ein Zahlenwert dieser Welt) haben.

Die Darmzotten haben ein Maß von 32 Quadratmetern (die 32 Wege zu Gott – das Herz). ✎ *siehe 122. Gedanken-Impuls*

Der Darm ist in drei Teile (die Drei-Gliedrigkeit des Menschen) unterteilt.

Jedoch welche Nahrung isst der Menschen in seinem Leben?

Der Darm des Menschen *muss* das Essen eines Menschen „verflüssigen". Sowohl das „handfeste" Essen, zum Beispiel einen Apfel, wie auch, übertragen auf die seelische Ebene, die Lebensinhalte eines Menschen.

Was wurde dem Darm an Lebensinhalten zugeführt?

Die <böse 4>, die <nur 4> oder die 1+4 Verbindung aus dem Schöpfungsprinzip 1:4?

Vorsicht, der Darm „denkt" mit!

180. Impuls
Orange, die Wandelbare – *Die 4. Inspiration von Elisabeth*
Das Vergängliche den Menschen gleichsam durchströmt und besetzt.
So das Gold des göttlichen Lagers, vereint mit dem Rot, der Stärke des Nordens, den Menschen mit Tatkraft und Frohmut durchsetzt, genüsslich das Orange die Verzweiflung mit Einverständnis und Frohsinn ersetzt.
Im grünen Hain der Harmonie, die göttliche Wandlung den Menschen, aus abendlichem Himmel, in Trost und Jubel versetzt.
Lustvoll und leicht begründet im Hier und im Jetzt.

179. Impuls
Die Chromosomen
»Chromo«, Griechisch: Farbe
Die Farben des Körpers,
22 Chromosomen an der Zahl,
und das 23. Chromosom als X/Y;
hier finden wir unseren Bauplan mit den 22 Bauformen (urhebräische Zeichen) des Menschen wieder.

Und das 23. Zeichen, Buchstabe, das besondere urhebräische Zeichen der anderen Welt.
Der urhebräische Zahlenwert <500>.
Das alte Wissen erzählt von 22 plus 1 Bauformen (Farben) des Menschen.

178. Impuls
Die Körperseiten des Menschen

Rechte und linke Körperseite
Sowohl in der psychosomatischen wie auch in der seelischen Deutung, findet die rechte und linke Körperseite ihre Beachtung und ihre Bedeutung.

Bereits hier sehen wir die unterschiedlichen Herangehensweisen bei der Deutung von Psyche und Seele:

Rechte Körperseite
Psychosomatische Deutung:
Die Seite der Logik und des Verstandes, das kausale Denken.

Ursprüngliche seelische Deutung:
Symbolik: Sonne, Sonntag, Gold, das Ursprüngliche, das Jenseitige, die Seelenseite, das Himmlische, das Innere des Menschen, der Mann, die männliche Welt, das <Prinzip 1>, das akausale Denken.

Linke Körperseite
Psychosomatische Deutung:
Die Seite der Gefühle, der Emotionen und der Herzlichkeit.

Ursprüngliche seelische Deutung:
Symbolik: Mond, Montag, Silber, das Irdische, das Diesseitige, die Körperseite, die Wasserwelt, unser Universum, das Äußere des Menschen, die Frau, die weibliche Welt, das <Prinzip 4>, das kausale Denken.

177. Impuls
Der Gottesbegriff in unserer Zeit

Beim Niederschreiben des Wortes ›Gott‹ stellte ich mir immer wieder die Frage, in welcher Semantik wird wohl die Leserin, der Leser den Gottesbegriff einkleiden, mit welchen Werten belegen?

In der heutigen Bibel-Übersetzung von Martin Luther wird gleich zu Beginn von zwei Gottesnamen erzählt:
In der ersten Schöpfungsgeschichte von einem ›Gott als Schöpfer‹ und in der zweiten Schöpfungsgeschichte von einem ›Gott als Herrn‹, ›Herrgott‹. Weiter in den Texten der heutigen Bibel lesen wir andere Begriffe wie »Herr Zebaoth«, »Schaddaj«, ›Allmächtiger‹, ›Höchster‹ usw. als Gottesnamen.

In den ursprünglichen Texten der Bibel, der urhebräischen Thora-Rolle, und in der Kabbala (*die mündliche Überlieferung des ursprünglichen Wissens*), begegnen wir dem ›Alten hinter dem Berge‹, »JHWH« (»Adonai«), auch als »Jahwe«, »Jahve« bekannt; »Elohim« und weiteren Namen des ›Einen Gottes‹ in verschiedenen Eigenschaften.

Weiter wird in der urhebräischen Überlieferung von einem Gott mit 42 Buchstaben und von einem Gott mit 72 Buchstaben geschrieben.

Die Zahl 42 beschreibt die 42 Stationen auf dem Weg durch die Wüste. Die Zahl 72 ist der *volle Zahlenwert* für das urhebräische Wort von ›Gott‹.

›Götter‹ als Ausdruck des Wesentlichen begleiten den Menschen auf Erden in allen religiösen und mythologischen Traditionen, in verschiedenen Darstellungen und personifizierten Eigenschaften.

Im alten Wissen beschreiben die verschiedenen Gottesnamen die Eigenschaften des Menschen in bestimmten, unterschiedlichen *Auskristallisierungs-Ebenen* und *Auskristallisierungs-Zuständen*. Im Sinne der ›Herr ist Einer‹.

Ich wollte Sie durch das Auffächern des Gottesbegriffs ein wenig wegführen vom „kirchlich Bekannten" und hinführen zu einem wertfreien Denken bei dem Gottesbegriff ohne die vorgegebene kirchliche Semantik.

176. Impuls
Das Schnee-Weiß

Die Symbolik im alten Wissen von Schnee-Weiß, Urhebräisch »scheleg« mit den Zahlenwerten <300–30–3>, ist die Begegnung des Menschen mit der vollendeten 1+4 Verbindung aus dem Schöpfungsprinzip 1:4.

Geronnenes Wasser, Schnee, wie Marmorsteine auf den Friedhöfen. Der urhebräische Buchstabe der Farbe Schnee-Weiß ist »Aleph« mit dem Zahlenwert <1>.

Die 1+4 Verbindung aus dem Schöpfungsprinzip 1:4 ist hergestellt. Der Berg Sinai, das ›HÖCHSTE Bewusstsein‹ im Menschen, ist erklommen.

175. Impuls
Die Farbe Weiß

Weiß ist im alten Wissen die Farbe des „Südens".
Die Eigenschaft der Farbe Weiß: ›ist wie Gott‹.

Die Farbe Weiß existiert eigentlich im alten Wissen nicht. Die Farbe Weiß wird als ›Beinahe-Weiß‹ bezeichnet, denn es ist der Übergang zu Schnee-Weiß. ✍ siehe 176. Gedanken-Impuls

Hier finden wir auch die Symbolik von Schnee, Urhebräisch »scheleg« mit den Zahlenwerten <300–30–3>.

Der urhebräische Buchstabe der Farbe Weiß ist »Gimmel« mit dem Zahlenwert <3>.

Im „Süden" auf dem Altar (Altar meint im alten Wissen das ›Handeln des Menschen‹) muss der Mensch die 1+4 Verbindung aus dem Schöpfungsprinzip 1:4 herstellen. ›Beinahe-Weiß‹ meint: ›noch herstellen‹.

174. Impuls
Die Farbe Himmelblau

Himmelblau (Urhebräisch »tcheleth« mit den Zahlenwerten <400–20–30–400>) ist im alten Wissen die Farbe des Priestermantels, die Umhüllung. Es besteht eine sprachliche Verwandtschaft mit dem urhebräischen Wort für Kleid »kethoneth«.

Jeder Mensch trägt dieses Kleid, diese Umhüllung.

Es ist die Farbe der <nur 4> aus dem Schöpfungsprinzip 1:4 mit einem verzehrenden Charakter.

Die Farbe Himmelblau erzählt von der Eigenschaft des Menschen, nur eine Umhüllung, <nur 4> tragen zu können.

173. Impuls
Die Farbe Rot

Rot ist im alten Wissen die Farbe des „Nordens".
Rot symbolisiert im alten Wissen die Kraft, die ›Stärke Gottes‹.

Im Norden ist auch die Schlange zuhause. Die Schlange ist der ›Friedensstörer‹.

Der Mensch steht im „Norden".

Rot steht im alten Wissen symbolisch für die Kraft, für die Stärke des Menschen, den Weg der 1+4 Verbindung aus dem Schöpfungsprinzip 1:4 zu gehen.

172. Impuls
Die Farbe Blau

Die Symbolik der Farbe Blau ist die Zukunft.
Blau ist im alten Wissen die Farbe des „Westens".

Blau bedeutet im alten Wissen die Nicht-Verbindung der 1+4 Verbindung aus dem Schöpfungsprinzip 1:4.

Blau ist das ›Verzehrende‹ in unserer Welt.
Im Blau sind symbolisch viele Farben enthalten.

Im „Westen" geschieht die ›Heilung Gottes‹.

Der urhebräische Buchstabe der Farbe Blau ist »Daleth« mit dem Zahlenwert <4>.

171. Impuls
Die Farbe Gelb

Die Symbolik der Farbe Gelb ist die Vergangenheit.
Gelb und Gold haben die gleiche Symbolik im alten Wissen.

Gelb ist im alten Wissen die Farbe des „Ostens".
Gold wird die Farbe des ›Lichtes Gottes‹ genannt.
Gold ist die ›Lagerstätte Gottes‹.

Der urhebräische Buchstabe der Farbe Gelb ist »Beth« mit dem Zahlenwert <2>.

170. Impuls
Die Farbe Grün

Die Symbolik der Farbe Grün ist ›Einheit‹.
Durch die Farben Gelb und Blau entsteht die Farbe Grün.

Grün als Verbindung von Vergangenheit (gelb) und Zukunft (blau),
somit die Harmonie. ✎ *siehe 171. und 172. Gedanken-Impuls*

Grün hat den urhebräischen Zahlenwert <50>.
49 Tage dauert das „Unterwegssein" derer, die durch die Wüste
ziehen. Am 50. Tag erreichen sie den Berg Sinai, das ›HÖCHSTE
Bewusstsein‹, und der ganze Berg Sinai ist „grün".

Der 50. Tag wird in einem anderen Zusammenhang auch der 8. Tag
genannt, zum Beispiel bei der Karwoche - der Ostersonntag.

Durch ihre Fruchtbarkeit mit der Farbe Grün, möchte uns die Erde von
der 1+4 Verbindung aus dem Schöpfungsprinzip 1:4 erzählen.

Grün ist die Farbe der ›Einswerdung‹.

Grün ist auch die Farbe von Pfingsten.

Das Grüne auf unserem Planeten möchte uns aus dem **Verborgenen**
ständig mitteilen, dass im Menschen *etwas* wohnt, dass sich ›Einheit,
Harmonie und Ewigkeit‹ wünscht.

Grün ist die fertige 1+4 Verbindung aus dem Schöpfungsprinzip 1:4.

169. Impuls
Gnade, ›schenkende Liebe‹
Urhebräisch »chen«
Mit den Zahlenwerten <8–50>.

Bereits im Sefiroth-Baum wurde die ›schenkende Liebe‹ »chesed«
manifestiert, für den Weg des Menschen.

Diese Gnade – ›schenkende Liebe‹ – wird dem Menschen zuteil,
durch seinen verborgenen Verstand oder durch „wunder-volle"
Lebenssituationen, wenn er den Weg der 1+4 Verbindung aus dem
Schöpfungsprinzip 1:4 geht.

168. Impuls
»Belzebub«
Mit den urhebräischen Zahlenwerten <7–2–6–2>.

Der ›Herr der Fliegen‹ ist uns bekannt als »Belzebub«, als der Teufel,
als der Verhinderer der Individualität des Menschen.

Die Zahlenwerte <7–2–6–2> einzeln für sich betrachtet, sprechen von
nur dieser Welt.

Die Fliegen symbolisieren im alten Wissen die <nur 4> aus dem
Schöpfungsprinzip 1:4. ✎ *siehe 26. Gedanken-Impuls*

Im Tempel, die 1+4 Verbindung aus dem Schöpfungsprinzip 1:4, gibt
es im alten Wissen keine Fliegen.

»Belzebub« ist für die Vermehrung der Fliegen, der Vielheit, verantwortlich.

Die Spinne fängt die Fliegen. Leider gibt es im alten Wissen zu viele
Fliegen, die Spinne kann sie nicht alle fangen.

167. Impuls
Die kleine Lücke im Alltag – *Die 3. Inspiration von Elisabeth*
Leis' ein Aufhorchen,
ein kurzer Moment,
eine Lücke, ein Nichts.
Ohne Worte, des Wissens doch reich.
Dem Göttlichen gleich erkenn ich dich wieder –
in mir, in dir,
im aufblitzenden Jetzt und im Hier.
Ein zartes Beben,
die Schalen erklingen.
Das Verborgene in mir und im Wir, beginnt hell zu schwingen.
Es ist vollbracht!
Ein Wind, ein Hauch, eine Besinnung, eine Lücke im Alltag, ein
Licht.
Darin das göttliche Gesicht ein jedes Zuviel der Schalen durchbricht.

166. Impuls
Die urhebräischen Zeichen
Zeichen, die 22 urhebräischen Zeichen, Buchstaben.
Die göttlichen Zeichen für unsere Welt.

Urhebräisch »oth«
Mit den Zahlenwerten <1–6–400>.
Die <1>, das Göttliche, und die <400>, unsere Welt, mittels der <6>
miteinander verbinden.

In diesem Zahlenwert drückt sich die 1+4 Verbindung aus dem
Schöpfungsprinzip 1:4 aus.

Die Zeichen sind nur Konsonanten, ein Ausdruck der <400>, denn die
Vokale, die *Selbstlaute*, die <1> muss der Mensch *selbst* erbringen.

Die Thora-Rolle, die jüdische Bibel, wird mit diesen Zeichen gemalt.
Nur in den Texten der Thora-Rolle werden die 22 Zeichen mit
›Krönchen‹ gemalt.

165. Impuls
Die Grenze
Urhebräisch »raika«
Grenze, Firmament, Ausdehnung, mit den Zahlenwerten
<200–100–10–70>.

Die Trennung von *Unten*, dem ›Diesseits‹, und *Oben*, dem ›Jenseits‹.

Das Firmament im alten Wissen trennt die ›weiblichen Wasser‹,
unsere Raum-Zeit-Welt, von den ›männlichen Wassern‹, die
Zeitwahrnehmung im ›Jenseitigen‹.

Der Mensch sollte in beiden Wassern hier auf Erden leben, in der
1+4 Verbindung aus dem Schöpfungsprinzip 1:4.

164. Impuls
Der Rhythmus
Im alten Wissen wird das Wort ›Rhythmus‹ für das Geschehen, ›etwas
in Ordnung zu bringen‹, verwendet. Um eine Einseitigkeit
auszugleichen.

Wie beim Atem: Das Einatmen erzwingt ein Ausatmen.
In *allem*, seit dem Verlassen des Ursprungs (›Einheit‹), wohnt das
<Prinzip der Ausbalancierung>.

Die <nur 4> aus dem Schöpfungsprinzip 1:4 ist nur eine Seite der
Medaille, diese <nur 4> muss durch das <Prinzip 1> ausbalanciert
werden.

Jede <Nicht-Ausbalancierung> des 1:4 Prinzips im Leben eines Menschen, erzeugt physische und/oder psychische Erkrankungen.

163. Impuls
Vom Sinn der ›26 Geschlechter‹

Die ›26 Geschlechter‹ im alten Wissen ergeben sich aus den Zahlenwerten des Namens »JHWH«, dem ›Gott des Ursprungs‹.

›J‹ ist <*10*>, als Zeichen »*Jod*«, als Hieroglyphe ›*Die Hand von oben*‹
›H‹ ist <*5*>, als Zeichen »*He*«, als Hieroglyphe ›*Das Fenster*‹
›W‹ ist <*6*>, als Zeichen »*Waw*«, als Hieroglyphe ›*Der Haken*‹
›H‹ ist <*5*>, als Zeichen »*He*«, als Hieroglyphe ›*Das Fenster*‹

Wenn wir die Zahlenwerte zusammen rechnen <10–5–6–5> erhalten wir den Zahlenwert <26>. Dies meint die ›26 Geschlechter‹ im alten Wissen.

Die <10> Geschlechter (»Jod«) beschreiben den ›Abstieg‹ des Menschen im ›Jenseitigen‹.
Vom Geschehen ADAMS ab Ursprung bis NOAH *ohne* und *mit* Regen.

Die erste <5> (»He«) der zweiten Geschlechtsreihe beschreibt den ›Absturz‹ des Menschen aus dem ›Jenseitigen‹ ins ›Diesseitige‹.
Von SCHEM bis PELEG.

Der Zahlenwert <6> (»Waw«) erzählt von der ›Möglichkeit der Anbindung‹ an die 1+4 Verbindung aus dem Schöpfungsprinzip 1:4 und von den möglichen Gefahren im ›Diesseitigen‹.
Von REU bis ISAAK.

Der zweite Zahlenwert <5> (»He«) teilt uns das ›praktische Geschehen‹ der 1+4 Verbindung aus dem Schöpfungsprinzip 1:4 mit. Mit all seinen Gefahren im ›Diesseitigen‹.
Von JAKOB bis MOSES.

Unsere „Verwandten" *in uns* haben viel zu erzählen, für den Weg der
1+4 Verbindung aus dem Schöpfungsprinzip 1:4.
✍ *siehe 94. Gedanken-Impuls*

162. Impuls
Das Neue von über der See – *Die 2. Inspiration von Elisabeth*
Die Welt ist ein wundervoll nährender Ort.
In der Schöpfung, im Wort.
Die nie endende Liebe der Eins,
der Reichtum der überfließenden Vier.
Beide gleichsam nährend in mir und in dir.
Alles Leiden geborgen im liebenden Schoß von heute, von morgen.
Ein Kommen, ein Gehen, ein Singen, ein Klagen.
In meinem Schoß ist alles geborgen was kommt, sich zu laben.
Nichts müssen, nichts haben.
Das Sein ganz allein, mit mir und dir tief verbunden.
Teilt und erlässt alle Wunden.
Nichts ist dieses Sein hier allein ohne Licht in den Gefäßen.
Es ist erwacht, das „Neue von über der See".

161. Impuls
Die 22 urhebräischen Zeichen

Die drei „Mütter" der urhebräischen Zeichen
Der erste Mutterbuchstabe ist die »Aleph«.
Der zweite Mutterbuchstabe ist die »Mem«.
Der dritte Mutterbuchstabe ist die »Schin«.

Die sieben „doppelten" urhebräischen Zeichen
»Beth«, mit dem Zahlenwert <2>.
»Gimmel«, mit dem Zahlenwert <3>.
»Daleth«, mit dem Zahlenwert <4>.

»Kaf«, mit dem Zahlenwert <20>.
»Peh«, mit dem Zahlenwert <80>.
»Resch«, mit dem Zahlenwert <200>.
»Taw«, mit dem Zahlenwert <400>.

Die zwölf „einfachen" urhebräischen Zeichen
»He«, mit dem Zahlenwert <5>.
»Waw«, mit dem Zahlenwert <6>.
»Sajin«, mit dem Zahlenwert <7>.
»Cheth«, mit dem Zahlenwert <8>.
»Teth«, mit dem Zahlenwert <9>.
»Jod«, mit dem Zahlenwert <10>.
»Lamed«, mit dem Zahlenwert <30>.
»Nun«, mit dem Zahlenwert <50>.
»Samech«, mit dem Zahlenwert <60>.
»Ajin«, mit dem Zahlenwert <70>.
»Zade«, mit dem Zahlenwert <90>.
»Kof«, mit dem Zahlenwert <100>.

✸ siehe Buch „Vor Babel" von Friedrich Weinreb

160. Impuls
»Tohu wa-bohu«

»tohu«, mit den Zahlenwerten <400–5–6>, wird, wie »tehom«, mit den Zahlenwerten <400–5–6–40> geschrieben; jedoch zusätzlich noch mit dem Zahlenwert <40>, für den Hinweis der ›Eigenschaft des Abgrundes‹.

»tehom« meint: Abgrund, der große Abgrund.

»tehom« bedeutet eigentlich das für uns unfassbare ›Nichts‹.

Man fühlt sich, wie in einen bodenlosen Abgrund stürzen,
so wie es sich zuweilen im Traum manifestiert.

Und das »tehom« wird zum »tohu«, das ›Nichts‹ »tehom« gerät in eine „stürzende" Bewegung »tohu«.

»wa-bohu» im alten Wissen: Im »tohu«, im „stürzenden" Abgrund, ist ein *Etwas*, ist »wa-bohu«, mit den Zahlenwerten <6–2–5–6>.

Der „stürzenden" Abgrund trägt in sich bereits in der Dualität (Zahlenwert <2>) die suchende Verbindung (Zahlenwert <6>) der 1:4 Struktur (Zahlenwert <5>). ✿ *siehe 163. Gedanken-Impuls*

Lasst uns den ›gestürzten Abgrund‹, die <nur 4>, mit der ›Eigenschaft des Zurückkönnens‹ wieder nach Hause bringen.

159. Impuls
Das Zahlwort ›Zwölf‹ im alten Wissen
Der Zahlenwert <12> bedeutet im alten Wissen *unsere Welt*, die Vielheit in unserer Welt, das ›Jenseits des Ursprungs‹.

Die zwölf Monate im Jahreslauf meinen unsere Welt.

Die Zwölf sitzen mit am Tisch des Lebens, der Dreizehnte ist die ›Erlösung‹.

In den 22 urhebräischen Zahlenwerten gibt es *zwölf einfache Werte*, neben den *sieben doppelten* und den *drei Müttern*.

ABRAHAM muss im alten Wissen gegen ›zwölf Götter‹ kämpfen.

Die ›zwölf Steine‹ bei JAKOB, die zu ›einem Stein‹ werden, nachdem JAKOB die ›zwölf Steine‹ zusammengetragen hat.

158. Impuls

Ahnen, Vorfahren und Nachkommen

Es gibt wiederum zwei Denk-Möglichkeiten für den Menschen in die
Thematik „Ahnen und Vorfahren" einzutauchen:

Erstens, mit dem **b**ekannten **V**erstand, um mit ihm auf die
Spurensuche der Erbmerkmale eines Menschen zu gehen. Unser
Denken wird hierbei auf der „horizontalen Ebene" in die
Vergangenheit wandern.

Zweitens, mit dem Erkenntnis-Verstand **m**it EIN-Sicht auf der
„vertikalen Denk-Ebene" – ein Denken von oben nach unten.
In diesem Denken haben deine Ahnen und Vorfahren einen ganz
anderen Bezug als im Denken mit dem **b**ekannten **V**erstand.

Das alte Wissen erzählt uns von ›26 Geschlechtsfolgen‹.
✏ *siehe 94. Gedanken-Impuls*

Auch werden unsere biblischen Vorfahren wie Vater (»abba«) und
Mutter (»imma«), Onkel (›Geliebter‹) genannt. Ebenso lesen wir von
Brüdern (z. B. AARON, der Bruder von MOSES). Des Weiteren wird
uns im alten Wissen von „Söhnen"; Sohn: Urhebräisch »ben«, mit den
Zahlenwerten <2–50> und von „Töchtern"; Tochter: Urhebräisch
»bath«, mit den Zahlenwerten <2–400>, erzählt.

Im alten Wissen, mit dem Erkenntnis-Verstand **m**it EIN-Sicht
gelesen, wird unsere „Verwandtschaft" zu ›Eigenschaften in uns‹.

Jeder „Verwandte" in der Bibel ist eine für sich sprechende
Eigenschaft, auf einer *bestimmten Auskristallisierungs-Ebene* im
Menschen.

Es gibt gedanklich ›gute‹ wie ›schlechte‹ Verwandte.

Eigenschaften, die den Menschen hinführen können zur
1+4 Verbindung aus dem Schöpfungsprinzip 1:4, oder den Menschen

davon entfernen können. Beide Verwandte müssen im Menschen wohnen, wegen der ›Wahlmöglichkeit‹.

Jeder Eigenschaft im Menschen steht eine ›Gegen-Eigenschaft‹ gegenüber, es wohnt eine Gegenseite im Menschen.

Einer *aktiven Seite* (›Auswärtsbewegung‹) wohnt eine *passive Seite* (nach Innen gehen) bei.

Jede gute Seite (JAKOB) hat eine Alternative (ISAAK) für den Weg zur 1+4 Verbindung aus dem Schöpfungsprinzip 1:4.

Auch gibt es neben unseren Ahnen noch „Personen" in unserem Umfeld wie PHARAO, die Eigenschaft im Menschen für diese Welt, um uns in der <nur 4-Welt> festzuhalten, und MOSES in uns, der uns mit seinem Bruder AARON aus Ägypten führt.

Somit sollten erstmal die „Verwandtschaftsverhältnisse" grundsätzlich geklärt sein.

157. Impuls
Die <1> allein gegenüber der <4>
Der Daumen an der menschlichen Hand.
Im alten Wissen der Kopf des Menschen.
Der „kleine" Kopf <1> gegenüber dem restlichen Körper des Menschen <4>.

Das ursprünglich Verborgene in *allem* in unserem Universum.

Im alten Wissen wird der ›eine Strom‹ (»Pischon«) zu ›vier Strömen‹ (sozusagen die erste Erwähnung der 1+4 Verbindung in der Bibel).
✍ *siehe mein Buch: „Verschluss-Sache: B I B E L"*

Die <1> ist im alten Wissen wie die <1000>, »elef«, ›das Göttliche‹.

Gott sagt im alten Wissen: „Wie ich Eins <1> bin, bist du Eins <1>."

Aus den ›zwölf Steinen‹ (unsere Welt) in der Bibel wird dieser ›eine Stein‹, die <1>, das (in unserer Welt) **V**erborgene wird „sichtbar".

Die <1> als letzter urhebräischer Zahlenwert von »bari«, mit den Zahlenwerten <2–200–10–1>, meint ›Gesundsein‹.

Die <1> ist der erste urhebräische Zahlenwert von dem Wort »achol«, mit den Zahlenwerten <1–20–30>, essen, und erzählt, wie und was der Mensch als Speise zu sich nehmen möge.

Es gibt tausende weitere Entkleidungen, der Zahlenwert <1000> wie die <1> meint göttlich, verborgen, …

156. Impuls
Der Tagträumer
Im alten Wissen wird ein Mensch als ›Tagträumer‹ bezeichnet, der mit seinem **E**rkenntnis-Verstand **m**it **EIN**-Sicht denkt und wahr-nimmt.

Schlaf meint das Verlassen der bekannten Realität.
Im Schlaf verlassen wir Menschen unsere bekannte Realität und wechseln vom *Wach-Bewusstsein* ins *Schlaf-Bewusstsein*.

Im Schlaf kommt der Mensch mit „anderen Realitäten" in Kontakt, er ist im Besitz seines Schlaf-Bewusstseins.

Dem Menschen „kommen" womöglich Träume, ob ›vor der Schwelle‹ oder ›hinter der Schwelle‹. ✍ *siehe 131. Gedanken-Impuls*

Das Wort ›Traum‹ im alten Wissen meint:
›Ich lebe im *Schlaf-Bewusstsein* in einer „anderen Realität"‹.

Und das Wort ›Traum‹ meint noch:
›Ich lebe im *Wach-Bewusstsein* in einer „anderen Realität"‹.

Im Wach-Bewusstsein des Menschen liegen vor ihm ausgebreitet zwei
Realitäten: Die <nur 4-Realität> und die <1+4 Verbindungs-Realität>.
Die „andere Realität" im Wach-Bewusstsein des Menschen ist die
1+4 Verbindung aus dem Schöpfungsprinzip 1:4.

Diese „andere Realität" kann der Mensch nicht mit seinem bekannten
Verstand finden – es ist unmöglich! Dazu bedarf es des Erkenntnis-
Verstands mit EIN-Sicht.

Nur mit dem Erkenntnis-Verstand mit EIN-Sicht ist die
<1+4 Verbindungs-Realität> wahrnehmbar, erkennbar und erlebbar.

Mit dem Erkenntnis-Verstand mit EIN-Sicht das Verborgene, die
„andere Realität", neben der <nur 4-Realität>, herausschälen aus dem
wahrnehmbaren Äußeren.

Der Mensch lebt ca. ⅔ des Tag- und Nacht-Geschehens im Wach-
Bewusstsein, eine nicht zu unterschätzende Größe, für die Handlungen
des Menschen.

Hast du heute schon im Tagesverlauf geträumt?

155. Impuls
Früher und Später
Es gibt *kein ›FRÜHER oder SPÄTER‹* im alten Wissen.

Die biblischen Texte dürfen nur als *›JETZT und HIER in mir‹*
gelesen und verstanden werden.

Die Texte der Thora-Rolle *dürfen nicht* mit dem bekannten Verstand
gelesen werden, dieser möchte darin nur eine Geschichte

lesen, sondern die Texte *müssen* mit dem Erkenntnis-Verstand mit EIN-Sicht entkleidet werden.

154. Impuls
Vokale und Konsonanten in der Ursprache der Hebräer

Vokale

Es gibt fünf Vokale im Deutschen: A, E, I, O, U und die Umlaute Ä, Ö, Ü.

Vokale: Vom Lateinischen »vocalis« - tönen, tönender. Selbstlaute. Vokale besitzen kein ›Beigefügtes‹, keinen ›beigefügten Körper‹ wie die Konsonanten. Vokale sind sozusagen „körperlos". Der Buchstabe ›A‹ bleibt für sich gesehen, bei der Aussprache, allein.

Konsonanten

Im Deutschen finden wir 21 Konsonanten: B, C, D, F, G, H, J, K, L, M, N, P, Q, R, S, T, V, W, X, Y und Z.

Kon...: Vom Lateinischen »con« - mit, zusammen. *...sonant*: Vom Lateinischen »sonare« - klingen. Konsonanten meint „mitklingen", etwas klingt noch mit. Mitlaute. Wie beim Buchstaben ›B‹ bei der Aussprache: „Beee", das ›E‹ als ›Beigefügtes‹, als ›beigefügter Körper‹, als Mitlaut.

Was will uns diese Unterscheidung der Vokale und Konsonanten im alten Wissen erzählen?

Vokale existieren in der jüdischen Bibel nicht. Wir finden in der Thora-Rolle nur Konsonanten.

Im alten Wissen ist jedoch das ›A‹, die »Aleph«, weder ein Vokal noch ein Konsonant. Das ›A‹ ist *symbolisch* noch nicht aussprechbar, denn die <2> ist *noch* nicht anwesend in der Bibel. Das ›A‹ ist die <1> aus dem Schöpfungsprinzip 1:4. Neben den vier Grund-Vokalen.

Das ›A‹ kann in den Thora-Texten als A, E, I, O, U, Ä, Ö, Ü gelesen werden, je nach seiner Sinnhaftigkeit.

Die Konsonanten mit ihrem ›beigefügten Körper‹ symbolisieren im alten Wissen die „Nur-Körperlichkeit" des Menschen.

Die Vokale, die ›Selbstlaute‹, sind im alten Wissen das Leben des Menschen, dass er *selbst* erbringen muss.

Das „Einfügen" der Vokale im Leben eines Menschen meint, der Mensch muss *selbst* laut werden.

›Laut werden‹ für die 1+4 Verbindung des Schöpfungsprinzips 1:4.

Der Mensch wohnt hier auf Erden als ›Konsonant‹ mit seinem Körper und muss die ›Vokale‹, das **V**erborgene, aus Sicht des alten Wissens in seinem Leben leben, einfügen.

153. Impuls
RUBEN im Menschen
Was möchte uns das alte Wissen über die Eigenschaft RUBEN im Menschen mitteilen?

RUBENS Vater ist JAKOB und seine Mutter ist LEA.

Die Eigenschaft RUBEN im Menschen ist seine Ungeduld, seine Voreiligkeit. Und mit seiner Voreiligkeit möchte RUBEN die Dinge logisch, rational lösen.

Durch die Umstimmung der Eigenschaft RUBEN im Menschen, so erzählt das alte Wissen, wird die Eigenschaft RUBEN zu einer ›Frucht‹, Urhebräisch »dudaim« genannt.

»Dudaim«, mit den Zahlenwerten <4–6–4–1–10–40>, enthält den Wortstamm ›Geliebter‹ und DAVID.
✎ *siehe 12. und 86. Gedanken-Impuls*

Diese ›Frucht‹ besitzt die Eigenschaft, die 1+4 Verbindung aus dem Schöpfungsprinzip 1:4 herzustellen.

Der ›Frucht‹ wird im alten Wissen die Eigenschaft ›Verehelichung‹ oder ›Hochzeit‹ zugeschrieben. Die ›Hochzeit‹ von der <4> mit der <1>. ✎ *siehe **„Das Hohelied" im ›Alten Bund‹** (AT)*

Durch die Beruhigung der Eigenschaft RUBEN im Menschen, entsteht die ›Frucht der Vereinigung‹ des Weiblichen <4> mit dem Männlichen <1>.

152. Impuls
Die „kleinen Dinge" des Lebens
Durch das Wahrnehmen der „kleinen Dinge" im Leben eines Menschen **und** sowohl *mit* als auch *durch* seinen Erkenntnis-Verstand bekommt der Mensch die EIN-Sicht (die <1> aus dem Schöpfungsprinzip 1:4) in die ›ursprüngliche Welt Gottes‹ auf Erden.

Der Erkenntnis-Verstand **mit** EIN-Sicht ermöglicht es, Einblicke in die ›ursprüngliche Welt Gottes‹ zu erhalten.

Zur Erinnerung:
Neben dem Erkenntnis-Verstand **mit** EIN-Sicht besitzt der Mensch noch seinen **m**anipulierten **b**ekannten Verstand und seinen **v**erborgenen **V**erstand, der dem Menschen die Mitteilungen aus dem ›Jenseitigen‹ bringt.

151. Impuls
Das Schwein
Urhebräisch »chasir«, mit den Zahlenwerten <8–7–10–200>.

Ein Schwein besitzt gespaltene Hufe.

Symbolisch: Das Schwein gibt durch die gespaltenen Hufe zwar vor, die äußere Welt nach ›Gut‹ und ›Böse‹ zu trennen, jedoch im Inneren kann es das nicht, es fehlt ihm der doppelte Magen. Und damit kann symbolisch das Schwein im Inneren, dass im Außen „Aufgenommene", nicht zerteilen, nicht prüfen.

Das Schwein ist im alten Wissen *symbolisch* auch: der Teufel.

Hier hat der Spruch: „Keine Perlen vor die Säue werfen" seinen Sinn. Keine Perlen vor den Teufel, die <nur 4> aus dem Schöpfungsprinzip 1:4, werfen.

›Kein Schwein zu essen‹ hat daher in manchen Kulturen eine *andere, tiefere Symbolik.*

150. Impuls
Das Kamel
Urhebräisch »Gimmel«, mit den Zahlenwerten <3–40–30>.

Das Kamel hat einen doppelten Magen, damit symbolisch das ›Gute‹.

Es kann symbolisch im Inneren, das im Außen „Gegessene" teilen, prüfen. Dies ist eine ganz entscheidende Eigenschaft im Menschen für die 1+4 Verbindung aus dem Schöpfungsprinzip 1:4.

Das Kamel hat keine gespaltenen Hufe. Es sucht somit symbolisch die ›Einheit‹.

Der Spruch: „Eher kommt ein Kamel durch ein Nadelöhr, als ein Reicher in den Himmel" ist hier, denke ich, treffend.

Kamel: Das ›Gute‹
Nadelöhr: Einweihungsgeschehen
Reicher: Reich an Götzendienst, Unzucht, Blutvergießen
Himmel (hier): 1+4 Verbindung aus dem Schöpfungsprinzip 1:4

Kamelen wird im alten Wissen die Eigenschaft ›Bescheidenheit‹ zugeordnet.

Siehe auch das Geschenk JAKOBS an ESAU: Die 580 Tiere als Geschenk, der Zahlenwert <58>. ✌ *siehe 72. Gedanken-Impuls*

149. Impuls
Der Zionismus

Die Verwandlung des ›Ursprünglichen‹ in eine sogenannte „moderne Welt".

Das ›Ausbluten lassen‹, Blut meint ›Leben‹ im alten Wissen, der ›göttlichen Ursprache‹.

Das „Verlöschen" der urhebräischen Zahlenwerte aus der <Struktur der Schöpfung 1:4> des alten Wissens.

Bitte hier auch sprichwörtlich: *Zwischen den Zeilen lesen!*

148. Impuls
Verbannung und Exil

Im alten Wissen meint ›Verbannung‹ das „Wegziehen" *von einer* Bewusst-Seins-Ebene *in eine andere* Bewusst-Seins-Ebene.

Urhebräisch »galuth«, mit den Zahlenwerten <3–30–6–400>, allein der Zahlenwert <400> spricht schon Bände, wohin die Reise der ›Verbannung‹ geht.

Die ›erste Verbannung‹ erfährt ADAM durch sein ›Verlassen müssen‹ des Ursprungs nach Eden. Aus der 1. kabb. Welt, die ›Welt bei Gott‹, »aziluth« in die 2. kabb. Welt, die ›Welt der Schöpfung‹, »briah«.

ADAM: Der Mensch
Ursprung: Das ›HÖCHSTE Bewusstsein‹
✎ *siehe mein Buch: „Verschluss-Sache: B I B E L"*

Der Mensch durchwandert eine ›Kette von Verbannungen‹. Ein immer weiteres „Wegziehen" vom Ursprung.

Die ›zweite Verbannung‹ ist der „Wegzug" aus Eden, das ›EINE Bewusstsein‹, in den ›Garten von Eden‹ (Paradies). Der Mensch geht aus der Welt »briah« (2. kabb. Welt) in die Welt »jezirah« (3. kabb. Welt).

In der 3. kabb. Welt ist *symbolisch* das Paradies, der ›Garten in Eden‹. Symbolisch: Durch das Essen des Apfels im Paradies, geschieht für den Menschen eine weitere Verbannung.

Nun geht es für den Menschen in die 4. kabb. Welt nach »assiah«, unsere Welt, die ›Welt des Tuns‹. Nun leben wir hier auf Erden im ›Exil‹, weit entfernt vom Ursprung, wie die »schechinah«, der Name des ›Ur-Lichtes‹ in unserer Welt.

147. Impuls
Für die 1+4 Verbindung aus dem Schöpfungsprinzip 1:4
Unsere Realität hier in dieser Welt sollte mit der *Beziehung zum Anderen*, zum ›Jenseitigen‹, zum Ursprung gesehen und erlebt

werden.

Wer unsere Realität, unsere Welt, als das ›nur Absolute‹ sieht, wird den Weg der 1+4 Verbindung aus dem Schöpfungsprinzip 1:4 nie finden.

Die Symbole der <4> – Die <nur 4> in deinem Leben, die Schick-sal und Krankheit zur Folge hat:

- Die <4> ist unsere Welt ohne das Verborgene (die <1>).
- Die <4> ist die Vielheit in unserer Welt.
- Die <4> ist der ›Götzendienst‹ in unserer Welt.
- Die <4> ist die ›Unzucht‹.
- Die <4> ist das sinnlose Leben ohne die <1>.
- Die <4> ist der bekannte Verstand des Menschen zur Stunde.
- Die <4> ist die reine Entwicklungskraft von Welt und Mensch.
- Die <4> ist das Erklären für den nur rationalen, wissenschaftlichen Verstand.
- Die <4> ist das „nur Heilen" des Menschen, ob physisch oder psychisch, mit der bekannten Schulmedizin oder der bekannten Psychologie.
- Die <4> ist die „nur Funktion" des menschlichen Körpers.
- Die <4> sind die vier Finger der Hand.
- Die <4> sind die vier Elemente (unserer Welt).
- Die <4> sind die vier Schichten des menschlichen Gehirns.
- Die seelische Leere (ohne die <1>) in unserer Welt.

146. Impuls
Das Labyrinth

Im alten Wissen wird der Begriff ›Labyrinth‹ verwendet, wenn es sich um eine grundsätzliche Ausweglosigkeit handelt. Diese grundsätzliche, äußere Ausweglosigkeit wird als die <böse 4> oder die <nur 4> bezeichnet.

Symbolisch: Der Mensch im Labyrinth sucht ein Wegweiseschild, nach einem Ausgang in der <4> aus dem Schöpfungsprinzip 1:4.

›Gott‹ hat für den Menschen im Labyrinth einen Ausgang erschaffen. Dieser Ausgang wird im alten Wissen mit dem Zahlenwert <3 ½> beschrieben. Als Ausgang aus dem Labyrinth hin zur 1+4 Verbindung aus dem Schöpfungsprinzip 1:4.

Es gibt Menschen, die ihr gesamtes Leben im Labyrinth verbringen werden, weil in ihnen nicht die ›Suche nach dem Ausgang‹ wohnt.

Und es gibt Menschen, in denen seit ihrer Geburt, die ›Suche nach dem Ausgang‹ aus dem Labyrinth wohnt.
Früher oder später werden diese Menschen den Ausgang finden und durch dieses Halbe <½>, als Türe in der <4>, gehen.

145. Impuls
Die sieben Wolken

Was möchten uns ›Wolken‹ aus Sicht des alten Wissens mitteilen?

Das alte Wissen er-*zählt* von insgesamt *sieben* Wolken.

Von *vier* Wolken, die auf dem Weg durch die Wüste von Ägypten nach Kanaan, immer mitziehen. Die ersten vier Wolken sind über den vier Zeltlagern in der Wüste „darüberstehend", immer anwesend.
✏ *siehe 42. Gedanken-Impuls*

Und von *drei* Wolken über der ›Bundeslade‹ im ›Allerheiligsten‹ (›HÖCHSTES Bewusstsein‹) schwebend.

Die erste Wolke steht im „Osten"
Die erste Wolke hat einen Zusammenhang mit den drei Erzvätern: ABRAHAM, JIZCHAK (ISAAK) und JAKOB (auch ›Israel‹ genannt).

✎ *siehe mein Buch: „**Impulse vom Mystischen Wissen**"*
122. Impuls: Was bedeutet Israel in der Bibel?

Der *jeweils erste* Buchstabe der drei Erzväter »Aleph«, »Jod«, »Jod«,
mit den urhebräischen Zahlenwerten <1–10–10>, als ›bei Gott seiend‹.

Die zweite Wolke steht im „Süden"
Der *jeweils zweite* Buchstabe der drei Erzväter »Beth«, »Zade«,
»Ajin«, mit den urhebräischen Zahlenwerten <2–90–70>,
›von Gott sich entfernend‹.

Die dritte Wolke steht im „Norden"
Der *jeweils dritte* Buchstabe der drei Erzväter »Resch«, »Cheth«,
»Kof«, mit den urhebräischen Zahlenwerten <200–8–100>,
erzählt von der ›Möglichkeit der Verbindung zu Gott‹.

Die vierte Wolke steht im „Westen"
Der *jeweils vierte* Buchstabe der drei Erzväter »Mem«, »Kof«,
»Beth«, mit den urhebräischen Zahlenwerten <50–100–2>,
erzählt von der ›Anbindungsmöglichkeit zu Gott‹ in der polaren Welt.

Die fünfte Wolke
Die fünfte Wolke „schwebt" über der ›Bundeslade‹ im
›Allerheiligsten‹. Diese Wolke „dämpft" die Gegensätze in unserer
Welt für die 1+4 Verbindung aus dem Schöpfungsprinzip 1:4.

Die sechste Wolke
Die sechste Wolke „schwebt" auch über der ›Bundeslade‹ im
›Allerheiligsten‹. Diese Wolke „entschärft" die Gegensätze in unserer
Welt für die 1+4 Verbindung aus dem Schöpfungsprinzip 1:4.

Die siebte Wolke
Die siebte Wolke „verbindet" die ersten vier Wolken über den vier
Zeltlagern miteinander. Das Zeichen »He« aus ABRAHAM ist hier
anwesend. Der urhebräische Zahlenwert <5> als Ergebnis der
1+4 Verbindung aus dem Schöpfungsprinzip 1:4.

144. Impuls
Die vier Himmelsrichtungen und die vier Elemente
Die Zuordnungen im alten Wissen:
Die Himmelsrichtung *Osten* ist dem *Element Feuer* zugeordnet.
Die Himmelsrichtung *Süden* ist dem *Element Erde* zugeordnet.
Die Himmelsrichtung *Norden* ist dem *Element Luft* zugeordnet.
Die Himmelsrichtung *Westen* ist dem *Element Wasser* zugeordnet.

Die Reihenfolge ist im Einweihungsgeschehen von großer
Wichtigkeit.

Entkleide die Symbole des alten Wissens!

143. Impuls
Das Niesen
Wünschen wir einem Mitmenschen doch nach dem Niesen
„Gesundheit!" oder in manchen Regionen Deutschlands „Helf dir
Gott!".

Was möchte uns das Ausniesen eines Menschen von der 1+4
Verbindung aus dem Schöpfungsprinzip 1:4 erzählen?

Atem bedeutet im alten Wissen ›Lebensodem‹, Odem meint Atem,
somit der ›Lebensatem des Menschen‹.

Der ›göttliche Lebensodem‹ wird dem ADAM in Eden „eingeblasen".
✎ *siehe mein Buch: „Verschluss-Sache: B I B E L"*

Der ›göttliche Lebensodem‹ symbolisiert die <1> aus dem
Schöpfungsprinzip 1:4.

Im Menschen kommt der Niesreiz aus der *unbewussten Ebene*.
Beim Niesen, wie beim Gähnen, atmet der Mensch symbolisch
seinen ›göttlichen Lebensodem‹ aus.

Der Mensch ist symbolisch somit *ohne* den ›göttlichen Lebensodem‹, ohne die <1> aus dem Schöpfungsprinzip 1:4, im Moment des Niesens.

Das Niesen gibt uns den Hinweis, dass der Mensch *unbewusst*, durch äußere Reize, die <1> aus dem Schöpfungsprinzip 1:4 verlieren kann.

In 1. MOSES 49.18 lesen wir hierzu: „Herr, auf deine Hilfe hoffe ich". Damit bekommt der Ausspruch „Helf dir Gott!" seinen tieferen Sinn. Für die Gesundheit des Menschen, für die 1+4 Verbindung aus dem Schöpfungsprinzip 1:4.

142. Impuls
Entschweben – *Inspiration von Elisabeth*
Das Goldne des Neuen hebt sich empor.
Gen Himmel, schwebend zustrebend, dem Offnen entgegen.
All mein Odem soll es beleben.
Kein Traum kann den Traum im Traum seiner Wahrheit entheben.
Das Gerechte soll seine Bestimmung sein.
Die Stimme soll sich erheben, dem Ursprung, dem Göttlichen entgegen.
Indes, einer Taube gleich, die horchende Stille kehrt in das Königreich.

141. Impuls
›Funken‹ im alten Wissen
Die ›göttlichen Funken‹ des Ursprungs in *allem*.

Ein Teilchen des ›ewigen Lichtes‹ aus dem Ursprung.

Es gibt *nichts* auf dieser Welt, in dem *kein* ›Funke‹ wohnt.

Das Befreien des ›Ur-Lichtes‹ gehört zu dem Weg der
1+4 Verbindung aus dem Schöpfungsprinzip 1:4.

Die ›Funken‹ müssen aus der Umhüllung (›Schalen‹), aus der
ungesunden Entwicklung (<böse 4>) befreit werden.

140. Impuls
›Tun umsonst‹

Tun: Gott schuf diese, unsere Welt, damit der Mensch die
1+4 Verbindung aus dem Schöpfungsprinzip 1:4 *tun* kann.

Der Mensch soll die Extreme <1> + <4> durch sein Tun ver-ein-igen.

Das ›Tun‹ *muss* ›umsonst‹ sein. *Jegliches Tun* auf dem Weg zur
1+4 Verbindung aus dem Schöpfungsprinzip 1:4 *muss ohne Absicht*
vom Menschen geschehen.

Kein Rechnen, kein Berechnen, kein ›Erreichen wollen‹, kein Fordern,
kein Abwägen.

139. Impuls
Die ›vier Ecken‹ – *Inspiration von Stefanie*

Die vier Himmelsrichtungen im ›Jenseits‹.

Der ›Opfer-Altar‹ im ›Jenseitigen‹.
Das Tier wird auf dem ›Altar‹ geschlachtet.
Das Blut des Tieres, das Leben des Menschen, wird durch den Priester
zu den ›vier Ecken‹ des ›Altars‹ gebracht. Der verborgene Verstand
sieht die ›vier Ecken‹.

Der ›Altar‹ mit seinen ›vier Ecken‹ meint in der Symbolik des alten
Wissens, die ›Handlungsebene des Menschen‹ in *dieser Welt* für die

1+4 Verbindung aus dem Schöpfungsprinzip 1:4.

An jeder ›Ecke‹ steht ein Engel. Nur die Engel können ›eine Ecke‹ machen. ›Ecke‹ meint 1+4 Verbindung aus dem Schöpfungsprinzip 1:4. Der Kreis ist die <nur 4>.

Die ›Flügel‹ der Engel sind symbolisch die ›Ecken‹ im alten Wissen. Mit den Flügeln kann der Mensch sich aus dem Schöpfungsprinzip 1:4 aus der <nur 4> entfernen und zur 1+4 Verbindung aus dem Schöpfungsprinzip 1:4 „fliegen".

Symbolisch hat der Mensch, der die 1+4 Verbindung aus dem Schöpfungsprinzip 1:4 erreicht hat, ›vier Flügel‹, zwei - um nach oben zu *fliegen* und zwei - um zurück in unsere Welt zu *fliegen*.

Wie oft bist Du im Alltag von *Dingen mit* ›vier Ecken‹ umgeben? Mit welcher *Vehemenz zeigt sich das Verborgene* stetig in Deinem Alltag?

Fenster, Türen, Fliesen, Pfosten, PC-Bildschirm, Tastatur, Bücher, Dokumente, Kartons, Spiegel, Bilderrahmen, Tische, Treppenstufen, Podeste, TV, Lichtschalter, Mobiltelefon, Radiergummi, Notizblock, Regalbretter, Rollos, Scheckkarten, Schränke, Handtücher, Heizkörper, Taschen, unsere Bauweise (kubistisch), Hauswände, Verpackungen, die Kacheln in der Galerie-Ansicht von Zoom, etc. … – diese Auflistung darf jeder gerne für sich selbst fortführen.

138. Impuls
ISAAK

ISAAK ist ›das Passive‹ im Menschen. Er überlässt seiner Frau REBEKKA die Entscheidungen, dem Weiblichen, der <4>.

ISAAK steht im alten Wissen auf der linken Seite, auf der ›Wasserseite‹. ✍ *siehe 112. Gedanken-Impuls*

In der Geschlechtsfolge ist ISAAK der sechste aus »JHWH«.

↳ *siehe 94. Gedanken-Impuls*

Mit ISAAKS Geburt beginnen die 400 Jahre Knechtschaft in Ägypten.

↳ *siehe 42. Gedanken-Impuls*

Sich ›als Fremdling fühlen‹ in dieser Welt ist die ›ISAAK-Eigenschaft‹ im Menschen.

137. Impuls
Die sieben hermetischen Gesetze

Einblicke aus der griechisch-ägyptischen Tradition stammend. Hermetisch meint: Für immer „abgeriegelt", in sich geschlossen, ohne Ausnahme.

Das Wort ›Gesetze‹, wie sie landläufig genannt werden, ist hier unpassend, denn *Gesetze sind veränderbar.*

Das Wort ›Prinzipien‹, wie sie im alten Wissen bezeichnet werden, ist hier treffender. Das Wort ›Prinzipien‹ besitzt den *Charakter* von *immerwährend, unveränderbar, Bestand haben.*

Die Hermetischen Prinzipien werden im ›Alten Bund‹ (Altes Testament) der Bibel ›Himmel‹ genannt: ›Die Prinzipien der Schöpfung‹.

Vor der Auskristallisierung der Schöpfung aus dem Ursprung, *mussten* Prinzipien geschaffen werden, damit das ›Schöpfungslicht‹ klare Vorgaben hat.

1. Das Prinzip des Geistes

Nur aus dem ›Heiligen Geist‹, der im Ursprung wohnt, kommen die Vorgaben der Auskristallisierung.

2. Das Prinzip der Entsprechung

Wie im Ursprung ›oben‹, so also weitere „Abbilder" ›unten‹. Somit auch: ›Wie oben so unten!‹, nur in verdichteter Form, Stoff.

Lese nicht: „Wie im Inneren so im Außen!"

3. Das Prinzip der Schwingung

Der Begriff ›Schwingung‹ ist in unserer Zeit irreführend. Im alten Wissen wird dieses Prinzip mit dem „Baustoff", der aus dem Ursprung kommt, als ›Licht, Leben, Bewusstsein‹ beschrieben. Damit *„Alles ist Bewusstsein"* auf seiner jeweiligen Ebene.

Schade, was mit dem **bekannten Verstand** in der heutigen Zeit aus diesem Prinzip gemacht wurde.

4. Das Prinzip der Polarität

Durch die Entfernung aus dem Ursprung, aus der ›Ewigkeit‹, wird eine Gegenseite entstehen, eine polare Seite.

Und vom Ursprung aus betrachtet: Auf allen *Auskristallisierungs-Ebenen* wird es eine ›Abstiegsseite‹ und eine ›Aufstiegsseite‹ geben. Dieses Prinzip geht Hand in Hand mit dem Prinzip ›Wie oben so unten!‹

5. Das Prinzip Rhythmus

Es wird eine Eigenschaft ›rhythmische Bewegungen‹ außerhalb des Ursprungs geben. Im Ursprung herrscht eine Art der Bewegungs-losigkeit. ✎ *siehe mein Buch: „Verschluss-Sache: B I B E L"* Ohne dieses Prinzip könnte nichts „in Gang" gebracht werden.

6. Das Prinzip der UR-sache

Alles, was es geben wird, kommt aus dem Ursprung. Außer der ›UR-Sache‹, die es als Abbild nicht gibt. In unserer Welt finden wir diese im Heute meist verborgene ›UR-Sprünglichkeit‹ in *allem* wieder, wenn wir die ›UR-Sache‹ mit unserem verborgenen **Erkenntnis-Verstand** mit EIN-Sicht suchen.

7. Das Prinzip des Geschlechtes
Nicht Mann und Frau sind hier gemeint.

Dieses Prinzip beschreibt die ›Hoheit der Prinzipien‹. Die sieben Prinzipien stehen über dem gesamten Schöpfungsgeschehen, wie die ›Himmel‹ im ›Alten Bund‹ (Altes Testament).

Leider sind in unserer Zeit viele Missdeutungen der ›sieben Hermetischen Prinzipien‹ unterwegs!

136. Impuls
Krüglein JAKOBS
JAKOB hat ein unwichtiges, beschädigtes Krüglein am Fluss vergessen. JAKOB ging zurück, um es zu holen.

Im alten Wissen will uns diese Geschichte mitteilen, dass auch für den Menschen *scheinbar* „Unwichtiges" von großer Bedeutung sein kann.

Die »Schedim« möchten uns die 1+4 Verbindung aus dem Schöpfungsprinzip 1:4 als „unwichtig" verkaufen.
✎ *siehe 62. Gedanken-Impuls*

135. Impuls
Das ›Haus der Gebundenen‹
Im alten Wissen wird die <böse 4-Welt> und die <nur 4-Welt> auf Erden als das ›Haus der Gebundenen‹ bezeichnet.

Gebunden als Mensch an die Kräfte der <bösen 4-Welt> und die <nur 4-Welt>.

Diese Kräfte haben den Menschen in Gefangenschaft genommen, und er steht unter Zwang diesen Kräften zu dienen.

Die »Schedim« und ihr „Klebstoff" »Dibbuk« haben im Menschen die
›Eigenschaft PHARAO‹ aktivieren können und geben ihr „Bestes",
diese Eigenschaft im Menschen am Leben zu erhalten.
↳ *siehe 62. Gedanken-Impuls*

Das ›Traumgeschehen von JAKOB und JOSEF‹ im alten Wissen erzählt
von der Befreiung aus dem ›Haus der Gebundenen‹.

134. Impuls
Die Offenbarung

Dem Menschen wird der Weg zur 1+4 Verbindung aus dem Schöpfungsprinzip 1:4 durch *Inspiration*, durch seine ›Zu-fälle‹ im
täglichen Leben, offenbart. Dieser Offenbarung steht der bekannte
Verstand im Weg.

Auch die Thora, die jüdische Bibel, wurde den Propheten für die
Menschheit durch *Inspiration* offenbart.
↳ *siehe 81. Gedanken-Impuls*

133. Impuls
Die Bergpredigt

›Neuer Bund‹ (Neues Testament), MATTHÄUS 6

Berg, das ›HÖCHSTE Bewusstsein‹ im alten Wissen.

Die Verbergung, die Verborgenheit des ›HÖCHSTEN Bewusstseins‹
im Menschen, die <1> aus dem Schöpfungsprinzip 1:4.

Die Bergpredigt von JESU im ›Neuen Bund‹ (NT) erzählt vom
Geheimnis der 1+4 Verbindung aus dem Schöpfungsprinzip 1:4.
In der Bergpredigt lesen wir die Schritte, die Stufen des Einweihungs-
geschehen zur 1+4 Verbindung aus dem Schöpfungsprinzip 1:4.

132. Impuls
Der Traum und die Krankheit

Ein Traum möchte, wie eine Krankheit, dem Menschen vom ›Sinn des Lebens‹ erzählen.

Ob als *Wach-Traum* (das vermeintliche Träumen am Tage) oder *Schlaf-Traum* (das Traumgeschehen im Schlaf).

Nur mit dem Erkenntnis-Verstand für das ›Sehen-lernen‹ des *Anderen*, des Vergessenen in unserer Welt, ist der Sinn des Lebens erkennbar.

Unser bekannter, logischer Verstand kann nur den manipulierten Sinn des Lebens erfassen.

131. Impuls
Die Träume des Menschen

Im alten Wissen gibt es drei Arten von Träumen:

1. Der Traum ›vor der Schwelle‹ (Zahlenwert <974>)
Vor der Schwelle begegnet der „Träumer" den Dämonen und Geistern im Schlaf. ✋ *siehe 95. Gedanken-Impuls*

2. Der Traum ›hinter der Schwelle‹ (Zahlenwert <975>)
Bis zur »olam briah« (die 2. kabb. Welt), im Einweihungsgeschehen die 3. Phase ›Bei Gott‹. ✋ *siehe 111. Gedanken-Impuls*

3. Traum
Dieser wird im alten Wissen »chasson« - Gesicht, Vision genannt.

Hier ist auch *sehen, schauen* gemeint, »olam aziluth« (die 1. kabb. Welt), im Einweihungsgeschehen die 4. Phase ›Das Heilige‹.

In diesem Traum sind die Visionen vom ›Jenseits‹ zuhause.

130. Impuls
Der Brunnen

Brunnen im alten Wissen: Unsere ›Raum-Zeit-Welt‹.
Brunnen und Wasser stehen in enger Verbindung.
Wasser als Symbol unserer Welt (siehe ISAAK, MIRJAM).
✎ *siehe 138. Gedanken-Impuls*

Die Frauen, symbolisch die <4>, stehen im alten Wissen immer am
Vieh-Brunnen. Das ›Vieh‹ im Menschen als Eigenschaft ›die <nur 4>
zu leben‹. ✎ *siehe mein Buch: „Verschluss-Sache: B I B E L"*

Bitte symbolisch entkleiden:
Wenn das Wasser im Brunnen vom Menschen „gereinigt, gesäubert,
keimfrei" gemacht wird, wenn das Wasser hygienisch einwandfrei ist
(die <gute 4>), wird das Wasser im Brunnen zur *Quelle*.

129. Impuls
Jericho im alten Wissen

In dem Ort Jericho ist die *meiste Zerstreuung* der Vielheit.

Symbolisch ist dieser Ort die größte Menge der <bösen 4>. Diesen
Ort, die größte <böse 4>, *muss* es geben, damit das ›Ursprüngliche‹
wieder in unserer Welt „erwachen" kann.

Der Ort Jericho steht dem ›Allerheiligsten‹ gegenüber.

In jedem Menschen wohnt die Eigenschaft ›das größte Böse zu
nehmen‹, wie auch im Menschen die Eigenschaft ›gehen zum Allerheiligsten‹ wohnt.

128. Impuls
Der innere Weg - *Die 4. Inspiration von Lissy*
Der innere Weg.
Auf des Adlers Schwingen und durch Stieres Kraft werd' ich hier
getragen durch die dunkle Nacht.
Durch den Tempel schreit' ich weiter, immer höher
und auch heiter, kehr zurück als neuer Mensch,
wie von Gott ich wurd' gewünscht.
In Licht und Freude ich gehüllt, weiß ich, bin ein göttlich Kind.
Dass mir dieses Licht von der anderen Welt, nun auch hier
den Weg erhellt.

127. Impuls
Der Ursprung im alten Wissen
In den verschiedenen Kulturen und Tradition lesen wir unterschiedliche Begriffe für den ›Ursprung von *allem*‹:

- »JHWH«
- Das Sein
- Das ›HÖCHSTE Bewusstsein‹
- Der Urgrund
- Das All
- Das Absolute
- Die Quelle
- Das Nichts
- Die Leere
- Die <0> – die Null
- Das ›HÖCHSTE Sein‹
- Der urhebräische Zahlenwert <1000>
- Der Ursprung aller Dinge
- Die Quelle der Schöpfung
- »Ain«
- Das ›Eine‹ ohne ein ›Zweites‹

- Das ›ewig Eine‹
- Das ›HÖCHSTE Eine‹
- Nicht-Erschaffenheit
- Der ›HÖCHSTE Geist‹
- Die ›HÖCHSTE Intelligenz‹
- Manitou
- Das ›Unbegrenzte‹
- Brahman
- Non-Dualität
- Das Außerhalb der Vielheit
- Das Tetragramm
- Die ›ewige Ruhe‹

126. Impuls
Der Schweizer Rappen und die „Franken"

„Wer den Rappen nicht ehrt, ist auch des „Frankens" nicht wert…"
Geschunden von der äußeren Welt, haben wir gefunden, was im
Leben für uns wirklich zählt.
Am Rande des Meeres einen Franken, der uns lehrt, den Rappen zu
ehren.
Jeden Tag ihn zu tragen, zur anderen Welt.
Grün, die Farbe der Hoffnung und über der Schwelle ertastend noch
mehr.
Gelb und Blau im Grün einmal vermählt, die Fünfzig nun zählt.
Das Verborgene ‚von nicht dieser Welt' das Dunkel des Diesseits
erhellt.

125. Impuls
Lachen

›Lachen‹ meint im alten Wissen: Kurzschlusshandlung, Befreiung,
Durchbruch, plötzlich reißt ein Band.

Der Ort des Lachens: Die Milz des Menschen.
Die Milz hat mit dem Lachen zu tun. Wenn ein Mensch nicht lacht, stimmt im alten Wissen etwas mit der Milz nicht.

Das Band der <bösen 4> aus dem Schöpfungsprinzip 1:4 wird zerrissen.

›Ein Band reißt‹ meint im alten Wissen: Den Übergang vom ›Diesseitigen‹ ins ›Jenseitige‹ als *Zustand* im Menschen.

124. Impuls
Aus dem Mystik-Klassenzimmer:
Der „verborgene, andere Verstand"

Der „normale Verstand"
Es gibt einen uns bekannten Verstand, ein uns bekanntes Denken. Ab der Geburt des Menschen wird ihm durch Eltern und Umfeld ein für diese Zeit „moralisch richtiges" Denken gelernt.
Die Gefahr des manipulierten Denkens mit eingeschlossen.

Dieses Denken ist dem Menschen vertraut und mit der ›Gewohnheit des Denkens‹ versehen. Mit diesem Denken gestaltet der Mensch sein tägliches Leben und Erleben.

Das „verborgene, andere Denken"
Hinter dem Vorhang des normalen (*normierten*) Verstandes liegt eine weitere Denkmöglichkeit im Menschen.

Die andere Denkmöglichkeit hat nichts mit dem normalen Verstand gemeinsam. Der bekannte Verstand muss „abgeschaltet" werden, um vom verborgenen Verstand Mitteilungen erhalten zu können.

Der verborgene Verstand kann nur vom ›Jenseitigen‹ aus aktiviert werden. Der andere Verstand gibt dem Menschen die Möglichkeit das ›Jenseitige‹ in unserer Welt, als ›eigene Welt‹, zu entschleiern und wirken zu lassen.

Diese Denkmöglichkeit öffnet die „Telefonleitung" im Menschen zum ›Jenseitigen‹, zum Verborgenen, zum *Nicht*-Bewussten im Menschen. Das „Freilegen" der Erkenntnis über die ursprüngliche Welt ermöglicht nur der verborgene Verstand.

Über diesen Verstand kann die ›untere Seele‹ des Menschen, im Wach- und Schlafbewusstsein, mit dem Menschen kommunizieren. Dem Menschen „wertvolle" Empfehlungen mitteilen, für den Weg zur seiner 1+4 Verbindung aus dem Schöpfungsprinzip 1:4.

Der andere Verstand ist die Brücke zum Menschsein. Nur mit dem anderen Verstand kann der Mensch seine ›Zu-fälle und Ein-fälle‹ wahrnehmen, die sowohl im äußeren Tagesgeschehen wie im Inneren des Menschen ihr Wirken zeigen. Hier sind selbstredend nur die ›Zu-fälle und Ein-fälle‹ aus dem ›Jenseitigen‹ gemeint.

Diese Denkmöglichkeit *muss* im Menschen, in unserer Zeit, wieder vom Menschen ins Bewusstsein gehoben werden.
✎ *siehe 64., 76. und 84. Gedanken-Impuls*

123. Impuls
Die Prophetie
Eine Mitteilung aus dem ›Jenseitigen‹ im Menschen wird »Prophetie« genannt. Diese Mitteilungen kann ein Mensch durch seinen verborgenen Verstand empfangen.

Diese Mitteilungen – ›Ein-fälle und Zu-Fälle‹ – aus dem ›Jenseitigen‹ an den Menschen beziehen sich ausschließlich auf sein Handeln für seine 1+4 Verbindung aus dem Schöpfungsprinzip 1:4.

Diese Mitteilungen im Wach- und Schlafbewusstsein sind direkte und höchst individuelle Empfehlungen an den Menschen.

Wobei das Wachbewusstsein des Menschen eine große Mitteilungsfläche ermöglicht. Durch den wachen, verborgenen Verstand im „Tagesgeschehen".

Ein Mensch, der aus dem ›Jenseitigen‹, aus dem Verborgenen, Mitteilungen, Botschaften erhält, wird im alten Wissen »Prophet« genannt.

Manche Propheten erhalten Mitteilungen vom ›göttlichen Gesamtkonzept‹ des ›Bauplanes von Welt und Mensch‹ aus dem ›Jenseitigen‹.

In dem Wort »Prophezeiung« lesen wir auch den Wortstamm »Phroph«.

Bitte das Wort »Prophezeiung« nicht mit dem bekannten Verstand lesen. Der bekannte Verstand kann es nicht wirklich erklären und liefert somit schnell eine <bösen 4-Erklärung>, eine Zukunftsdeutung.

Eine »Prophezeiung« meint im alten Wissen eine Empfehlung an den Menschen, welche weiteren Schritte er gehen möge, um zu seiner 1+4 Verbindung aus dem Schöpfungsprinzip 1:4 zu gelangen.

Im alten Wissen wird »Prophetie« als ›Honig‹ beschrieben: „*Wo Milch und Honig fließt…*"

Leider haben auch die Wesen - Dämonen und Spukgeister - die Möglichkeit, dem Menschen <böse 4-Mitteilungen> zu senden.

122. Impuls

Das menschliche Herz

Sag einfach mal „Danke!" zu deinem Herzen – es arbeitet und arbeitet und arbeitet...

Dein Herz ist das Zentrum deines Blutkreislaufes.
Dein Zentrum deiner körperlichen Kommunikation.
Dein Herz bringt deinen ›Lebenssaft‹ in alle Ecken deines Körpers.
Dein Herz hält deinen Kreislauf in Gang.

Was möchte dir dein Herz von der 1+4 Verbindung aus dem Schöpfungsprinzip 1:4 mitteilen?

Der urhebräische Zahlenwert für Herz ist <32>, die Zahl <32> ist ›das Göttliche im Menschen‹, die 1+4 Verbindung aus dem Schöpfungsprinzip 1:4.

Dein Herz bedeutet symbolisch im alten Wissen die <32> (22 urhebräische Buchstaben und 10 Sefiroth) geheimen Wege zu deiner Seele.

Das Herzliche in dir, das ›Offen sein‹ des Menschen für die 1+4 Verbindung aus dem Schöpfungsprinzip 1:4. Das Frische in dir, das Neue kommt hinein, das Alte wird abtransportiert.

Dein Herz sucht die <4+1 Beziehung>, die Beziehung nach allen Seiten <4:1>. Die Härte des Herzens ist die <nur 4> aus dem Schöpfungsprinzip 1:4. Das Herz muss *beschnitten* werden: Die Härte (die <böse 4>) muss entfernt werden.

Warum gibt es wohl zur Stunde so viele Herzerkrankungen?
Die Antwort liegt im Herzen des Menschen.

121. Impuls
Die Seligpreisung

›Selig‹ meint im alten Wissen ›auf den Weg gehen‹, ›auf dem Weg sein‹ zur 1+4 Verbindung aus dem Schöpfungsprinzip 1:4.

„Selig sind die Armen an Geist, denn ihnen ist das Reich des Himmels" lesen wir im alten Wissen.

„*Armen an Geist*" meint: Der Mensch soll sein Denken nicht für die <böse 4> aus dem Schöpfungsprinzip 1:4 verwenden, sondern der Mensch soll seine Gedanken zur 1+4 Verbindung aus dem Schöpfungsprinzip 1:4 lenken. Arm an <böse 4-Gedanken> sein.

Das „Reich des Himmels" ist der verborgene Verstand im Menschen, das andere Denken.

Der „Preis" für die 1+4 Verbindung aus dem Schöpfungsprinzip 1:4 ist der verborgene Verstand des Menschen.
↳ *siehe 76. Gedanken-Impuls*

120. Impuls
Das Opfer in der Bibel

Das Wort ›Opfer‹ in der uns bekannten Bibel wurde gewissermaßen, von wem auch immer, „auf den Kopf gestellt". Es hat eine Bedeutung und Auslegung erfahren, die das alte Wissen so nicht im Entferntesten meint.

Das ›Niedersteigen Gottes‹ in unsere Welt meint: Gott opfert sich den Menschen.

Für den Menschen meint ›Opfer‹ entweder, er lässt die <böse 4> aus dem Schöpfungsprinzip 1:4 liegen, oder er muss durch Krankheit und Schicksal leiden, und dieses Leid meint, dass der Mensch dadurch *sein Opfer* bringt.

Dieses ›Liegen lassen‹, dieses ›Nicht-Nehmen‹ der <bösen 4> aus dem Schöpfungsprinzip 1:4 bedeutet im alten Wissen opfern.

Das ›Opfer bringen‹ meint das ›Liegen lassen‹ der Angebote der <bösen 4> aus dem Schöpfungsprinzip 1:4. Das „Verzichten" auf die »Schedim«-Welt, auf die Unterwelten und Scheinwelten.

Das Opfern der Söhne oder Tiere im alten Wissen bezieht sich auf Eigenschaften im Menschen und ist *niemals wörtlich* zu lesen. Diese Eigenschaften im Menschen ermöglichen es, dass die <böse 4> aus dem Schöpfungsprinzip 1:4 den Menschen verführt.

119. Impuls
Der Fliegende Holländer
Romantische Oper in drei Aufzügen von Richard Wagner als Beschreibung eines Einweihungsweges.

Lese nicht, was geschrieben steht – entkleide!

Der Kern der Legende ist ein Kapitän, der durch eigene Schuld einen Fluch auf sich lädt. Dieser zwingt ihn dazu, bis zum Tag des Jüngsten Gerichts weiter zu segeln, falls er nicht durch einen besonderen Umstand Erlösung findet. Zwischen der Figur des Kapitäns und dem Schiff wird häufig kaum unterschieden, es ist also unklar, ob der Kapitän „Fliegender Holländer" genannt wird, oder ob es der Name des Schiffes ist.
In konkreten Gestaltungen ist es ein niederländischer Kapitän des 17. Jahrhunderts, der beim Versuch, das Kap der Guten Hoffnung zu umschiffen, schwört, bis zum Jüngsten Tag zu segeln, wenn es sein muss. Dies tritt darauf auch ein.
Erweitert wird die Geschichte durch die Möglichkeit der Erlösung: Alle sieben, zehn oder hundert Jahre darf der verfluchte Kapitän an Land. Wenn er dort eine Frau findet, die ihn aufrichtig und treu liebt, so würde er Erlösung finden. Das hat zunächst den Charakter einer

unmöglichen Bedingung, die den Kapitän zu ewiger Irrfahrt verdammen soll. Erst in späteren Gestaltungen wird das Motiv (vor allem bei Wagner) zentral und die Erlösung durch Liebe verwirklicht: Der Fliegende Holländer findet eine treue Seele von Frau, die sich für ihn opfert, und darf mit ihr in den Himmel aufsteigen.

118. Impuls
Der Midrasch

Der Begriff »Midrasch« meint Lehre, Erklärung, Auslegung.

Das Forschen, das Suchen, das Untersuchen.

Der Midrasch enthält, was nicht im Talmud geschrieben steht, niedergeschrieben von den Autoren des Talmuds.

Unter »Midrasch« versteht man sowohl den Vorgang des Studierens als auch dessen Ergebnis, also Schriftwerke, die Bibelauslegungen enthalten.

117. Impuls
Die Zahlenwerte und die Welten

Die urhebräischen Zahlenwerte sind für das Verstehen *symbolisch* jeweils den ›vier kabbalistischen Welten‹ zuzuordnen.

✎ *siehe mein Buch: „Impulse vom Mystischen Wissen"*
  173. Impuls: Die vier Welten

Der Zahlenwert <1> der ›Welt bei Gott‹, »aziluth«, 1. kabb. Welt.

Die Zahlenwerte
<2>, <3>, <4>, <5>, <6>, <7>, <8>, <9> und <10>
der ›Welt der Schöpfung‹, »briah«, 2. kabb. Welt.

Die Zahlenwerte
<10>, <20>, <30>, <40>, <50>, <60>, <70>, <80>, <90> und <100>
der ›Welt der Formwerdung‹, der „vorbereitenden Welt" für unsere
Welt, »jezirah«, 3. kabb. Welt.

Die Zahlenwerte
<100>, <200>, <300> und <400>
beziehen sich auf unsere stoffliche Welt, die ›Welt des Tuns‹,
»assiah«, 4. kabb. Welt.

Die Zahlenwerte <10> und <100> sind auch Übergangswerte.

Der Zahlenwert <500> ist symbolisch die Wegstrecke (das *Maß*)
zwischen Himmel (dem ›Jenseits‹) und Erde (das ›Diesseits‹).

Der Zahlenwert <1000>, »elef« meint ›Gott‹.
✥ *siehe 107. Gedanken-Impuls*

Alle Zahlen sind im alten Wissen nur mit dieser Symbolik zu lesen
und zu verstehen.

116. Impuls
Die vier Elemente im alten Wissen
Bitte in Symboliken denken!

1. Element - Luft
Luft, »ruach« - meint Wind, Geist und Bewegung in unserer Welt.
Die „andere Welt" (das ‹Jenseits›) ist hier auf Erden anwesend.
Die 1. kabb. Welt »aziluth«.

2. Element - Feuer
Feuer, »esch« - Licht, das ›Ausdrücken können‹ der „anderen Welt"
(dem ›Jenseits‹) hier auf Erden.
Die 2. kabb. Welt »briah«.

3. Element - Wasser
Wasser, »majim« - Zeit, unsere zeiträumliche Welt.
Die 3. kabb. Welt »jezirah«.

4. Element - Erde
Erde, der Staub der Erde, »afar« - unsere stoffliche Welt und unsere Welt „duftet".
Die 4. kabb. Welt »assiah«.

✎ *siehe mein Buch:* **„Impulse vom Mystischen Wissen"**
173. Impuls: Die vier Welten

115. Impuls
Die Phasen des urhebräischen Einweihungsgeschehens

0. Die Unterwelt – Die Welt der »Schedim«
- Auch als ›Hölle auf Erden‹ im alten Wissen beschrieben.
- Die »Schedim«-Welt, die <böse 4> aus dem Schöpfungsprinzip 1:4. Der *Götzendienst*, die *Unzucht* und das *Blutvergießen* sind hier zuhause.
- Die Welt des Erklärens mit dem *nur* rationalen Verstand.
- Sie steht dem ›Allerheiligsten‹ als Widersacher gegenüber.

1. Phase »pschat« – Die ›Auslegung‹
- Die 4. kabbalistische Welt »assiah«.
- Das „Schlafenlegen" des bekannten Verstandes.
- Das Aktivieren des logischen, verborgenen Verstandes.
- Die himmlischen, urhebräischen Zahlenwerte müssen gemäß der ›jenseitigen Logik‹ stimmig sein.
- Das Vertrauen auf die verborgene Welt in uns.
- Die <Struktur 1:4> vom Bauplan von Welt und Mensch erfassen.

- Den Zahlenwert <58>, den ›Zustand NOAH im Menschen‹ verstehen, inklusive des Zahlenwertes <57>.
  ✍ *siehe 72. Gedanken-Impuls*
- Den Zahlenwert <3 ½>, die ›Türe Gottes‹, in der stofflichen Welt »assiah« verstehen.

2. Phase »remes« – Der ›Traum‹
- Die 3. kabbalistische Welt »jezirah«.
- Das Lernen der Verborgenheit.
- Die *andere*, göttliche Zeitwahrnehmung.
- Das *andere*, göttliche Ich-Bewusstsein.

3. Phase »drusch« – Der ›Tiefschlaf‹
- Die 2. kabbalistische Welt »briah«.
- Die Übertragung »smichna«.
- Der Kampf zwischen DAVID und GOLIATH.
- Die vier Himmelsrichtungen im ›Jenseits‹.
- Der ›Opfer-Altar‹ im ›Jenseitigen‹.
- Das Tier wird auf dem ›Altar‹ geschlachtet.
- Das ›Blut des Tieres‹, das Leben des Menschen, wird durch den Priester zu den ›vier Ecken‹ des ›Altars‹ gebracht.
- Der **v**erborgene **V**erstand sieht die ›vier Ecken‹.
  ✍ *siehe 68., 72., 82. und 139. Gedanken-Impuls*

4. Phase »sod« – Das ›Heilige‹
- Die 1. kabbalistische Welt »aziluth«.
- Das ›Heilige‹.
- Das Geheimnis.
- Das ›EINE Bewusstsein‹, Eden.
- Die ›Welt bei Gott‹.
- Das ›Heilige‹ ist als Ausdruck unsere Welt.
- Das Blut, das Leben, wird ins ›Heilige‹ gebracht.
- Über die 4. Phase sind keine Bücher geschrieben und können keine Bücher geschrieben werden. *Wer-den(n)?*

- Das Geschehen in der 4. Phase ist für den Menschen ein direktes und *höchst individuelles* Erlebnis.

5. Phase – Das ›Allerheiligste‹

- Der Ursprung in der kabbalistischen Schöpfungsgeschichte: Das ›SEIN‹.
- Das ›HÖCHSTE Bewusstsein‹.
- Das ›Heilige des Heiligen‹.
- Die ›Bundeslade‹.
- Über die 5. Phase sind keine Bücher geschrieben und können keine Bücher geschrieben werden. *Wer-den(n)?*
- Das Geschehen in der 5. Phase ist für jeden Menschen ein direktes und *höchst individuelles* Erlebnis.

Zu jedem Übergang von Phase zu Phase gehören die ›15 Stufen‹, diese entsprechen den Psalmen 120 bis 134.

✎ *siehe mein Buch:* **„Impulse vom Mystischen Wissen"**
173. Impuls: Die vier Welten

114. Impuls
Evangelien
Es gibt im alten Wissen vier Evangelien und vier Evangelisten.

Sie treten in folgender Reihenfolge auf:
- Matthäus
- Markus
- Lukas
- Johannes

Matthäus bezieht sich auf die *1. kabbalistische Welt »aziluth«.*
Markus bezieht sich auf die *2. kabbalistische Welt »briah«.*
Lukas bezieht sich auf die *3. kabbalistische Welt »jezirah«.*
Johannes bezieht sich auf die *4. kabbalistische Welt »assiah«.*

Die *jeweiligen Evangelien* sind nur mit dem *entsprechenden Weltbild* zu lesen und zu verstehen!

Matthäus ist somit die *4. Phase »sod«* im Einweihungsgeschehen.
Markus ist somit die *3. Phase »drusch«* im Einweihungsgeschehen.
Lukas ist somit die *2. Phase »remes«* im Einweihungsgeschehen.
Johannes ist somit die *1. Phase »pschat«* im Einweihungsgeschehen.

↳ *siehe Buch „Der Weg durch den Tempel" von Friedrich Weinreb*

113. Impuls
Die Erzväter
Es gibt im alten Wissen drei Erzväter.

Die drei Namen, der im Menschen innewohnenden Eigenschaften sind: ABRAHAM, ISAAK und JAKOB (auch ›Israel‹ genannt).
↳ *siehe mein Buch: „Impulse vom Mystischen Wissen"*
122. Impuls: Was bedeutet Israel in der Bibel?

ABRAHAM entstand aus der ›Eigenschaft ABRAM‹.
↳ *siehe mein Buch: „Verschluss-Sache: B I B E L"*

ABRAM ist der innere Ruf des Menschen, mit der Bitte, die 1+4 Verbindung herzustellen.

ABRAHAM als Eigenschaft meint: Die Meisterschaft über die Lebenskraftenergie des Menschen, um das ›HÖCHSTE Bewusstsein‹ zu erreichen.

Der ›Mensch ABRAM‹ kann mit seiner ›Eigenschaft ABRAHAM‹ die 1+4 Verbindung aus dem Schöpfungsprinzip 1:4 erreichen.

ISAAK ist ›das Passive‹ im Menschen. Er überlässt seiner Frau REBEKKA die Entscheidungen, dem Weiblichen, der <4>.

ISAAK steht im alten Wissen auf der linken Seite, auf der ›Wasser-seite‹. ✍ *siehe 112. Gedanken-Impuls*

In der Geschlechtsfolge ist ISAAK der sechste aus »JHWH«.
✍ *siehe 94. Gedanken-Impuls*

Mit ISAAKS Geburt beginnen die 400 Jahre Knechtschaft in Ägypten.
✍ *siehe 42. Gedanken-Impuls*

Sich ›als Fremdling fühlen‹ in dieser Welt ist die ›ISAAK-Eigenschaft‹ im Menschen.

JAKOB zieht nach Ägypten, um den Rückweg anzutreten, um den Weg der 1+4 Verbindung aus dem Schöpfungsprinzip 1:4 zu gehen.
✍ *siehe 42. Gedanken-Impuls*

JAKOB ist die Eigenschaft im Menschen, den Weg der 1+4 Verbindung gehen zu können.

JAKOB muss im alten Wissen einiges durchleben…
Somit sind die Erzväter wichtige ›Grundeigenschaften im Menschen‹.

112. Impuls
Das Wasser
Im alten Wissen bedeutet ›Wasser‹ als ›Endpunkt der Schöpfung‹ unsere Raum-Zeit-Welt.

Immer wieder lesen wir im ›Alten und Neuen Bund‹ (AT und NT) von der „Wasser-Thematik".

Ob in der Schöpfungsgeschichte ab dem zweiten Tag.
Ob bei NOAH im Sintflut-Geschehen,
ob bei MOSES in der Wüstengeschichte,
ob bei JESUS und den symbolischen Taufritualen.

Im alten Wissen müssen die ›Fische‹ (d. h. Menschen) aus dem Wasser (der <4>, unsere Welt), aus der „nur Raum- und Zeit-Welt" geangelt werden, um zu ihrer verborgenen **W**elt kommen zu können.

111. Impuls
Die Schwelle

Für eine neue Realität muss der Mensch im alten Wissen über eine ›Schwelle‹ gehen. Diese ›Schwelle‹ finden wir im alten Wissen sowohl im täglichen Leben wie im Traum.

›Vor der Schwelle‹ sind die »Schedim« zuhause.
✥ *siehe 62. Gedanken-Impuls*

Der urhebräische Zahlenwert für das ›Überschreiten der Schwelle‹ ist <975>.

›Jenseits der Schwelle‹ öffnen sich die *anderen* Welten *im* Menschen.

Das Leben JOSEFS im ›Alten Bund‹ (AT) beschreibt den ›Schwellen-übertritt‹.

Satan, die <böse 4>, möchte nicht, dass der Mensch über die ›Schwelle‹ geht. Satan macht dem Menschen *ständig* <böse 4-Angebote>.

Natürlich gibt es auch Schwellenängste beim Menschen.

Wenn zu Lebzeiten des Menschen das ›Jenseitige der Schwelle‹ „leer" ist, wird es auch nach dem Tode leer sein.
✥ *siehe mein YouTube-Kanal* **„Bernhard P. Wirth"**
   Video: Die zwölf Stationen des Todes

Vom ›Jenseitigen‹ kommen die „Geschenke" für das **V**erborgene im Menschen als ›Tun umsonst‹.

110. Impuls
Das Relativieren

Meint im alten Wissen: Abschwächen, etwas nicht mehr als *das Besondere* wahrnehmen. Bezogen auf die „nur äußere Welt".

Wichtig für das ›Überschreiten der Schwelle‹.
✍ *siehe 111. Gedanken-Impuls*

Meint: Die „nur äußere Welt", die <nur 4-Welt> aus dem Schöpfungsprinzip 1:4 „schlafen legen" für das ›Absolute‹, für das **V**erborgene.

Ohne das ›Relativieren‹ dieser Welt kommt der Mensch nicht hinter die Schwelle. Hinter der Schwelle geht der Mensch in Richtung des ›Absoluten‹, Richtung Ursprung, zum ›HÖCHSTEN Bewusstsein‹.

109. Impuls
Himmlische Paläste

Im alten Wissen wird ›Palast‹ auch ›Halle‹, »hechal«, mit den Zahlenwerten <5–20–30>, genannt.

Unsere 4. kabbalistische Welt ist Ausdruck der ›Himmlischen Paläste‹ in ihrer Ursprünglichkeit.
✍ *siehe mein Buch: „Impulse vom Mystischen Wissen"*
173. Impuls: Die vier Welten

Im Garten stehen die Paläste, die Hallen. Der Palast ist auch das ›Haus im Tempel‹.

Jeder der insgesamt *sieben* Himmel hat *sieben* Paläste, somit den Zahlenwert <49>.

Es sind die 32 Wege (Herz-Zahlenwert <32>; 22 urhebräische Zeichen und 10 Sefiroth) in den Palästen in Richtung Ursprung, ›HÖCHSTES Bewusstsein‹.

108. Impuls
Das urhebräische Wort »ma«

»ma« meint ›was‹.

Was ist das Leben? *Wozu* ist das Leben da?

»madua« meint ›warum‹, mit den Zahlenwerten <40–4–6–7>, es besitzt auch den Wortstamm »ma«. »dua« kommt vom Wortstamm ›Wissen‹.

Bitte hier mit dem verborgenen Verstand denken!
Was ist das Wissen von diesem Leben?

Vielen Menschen wurde diese Frage seit ihrer Geburt aus ihrem Inneren immer wieder zugerufen. Durch die bewusste Manipulation des bekannten Verstandes konnte diese Frage allerdings bei manchen Menschen nicht „aufsteigen", ins Bewusstsein treten.

Seit der „C-Zeit" kann mehr und mehr die Frage »ma« *im* Menschen aufsteigen. Nun gilt es der Frage »ma« Ant-Wort zu geben!

107. Impuls
Das urhebräische Zeichen »elef«

Urhebräisch der Zahlenwert <1000>.

<1000> ist im Urhebräischen der Zahlenwert für ›Gott‹.
Die vier Zahlenwerte-Ebenen <100>, <200>, <300> und <400> ergeben zusammen <1000>.

Die urhebräischen Zeichen »elef« und »aleph« haben die gleichen Zahlenwerte, nämlich <1–30–80>, somit ist »elef« symbolisch auch die <1>, ›Gott‹.

Die ›974 Welten‹ und die ›26 Geschlechter‹ bilden zusammen den Zahlenwert <1000>. ↳ *siehe 94. und 95. Gedanken-Impuls*

106. Impuls
Bar Kochba-Zeit

»Simon bar Kochba«

Aramäisch: שמעון בר כוכבא, »Schim'ôn Bar Kochba« oder »Schim'on Bar Kochva« (eigentlich »Schim'on bar Kosiba«), ›Sohn des Sterns‹, gestorben 135.

Er war ein jüdischer Rebell und messianischer Prätendent (einflussreiche Stellung), der von 132 bis 135 nach Christus den „Bar-Kochba-Aufstand" gegen das Römische Reich unter Kaiser Hadrian führte.

Sein Vorleben liegt im Dunkeln. Beim Aufstand erzielte er zunächst erhebliche Erfolge gegen die Römer, musste sich später jedoch in die Festung Betar (Bergland nahe Jerusalem) zurückziehen und wurde dort belagert.

Bei der Erstürmung Betars durch römische Truppen kam »Bar Kochba« ums Leben.

105. Impuls
Der ›Baum der Erkenntnis des Bösen und des Guten‹

Der ›Baum der Erkenntnis‹ steht im Paradies (›Garten in Eden‹) und ist dem ›Baum des Lebens‹, dieser steht in der Mitte des Gartens, sehr nahe.

EVA *musste zwingend* zu diesem Zeitpunkt (6. Schöpfungstag nachmittags) vom ›Baum der Erkenntnis‹ essen, denn außerhalb des Paradieses gab es nur Wesen (Umhüllungen *ohne* Seele), im alten Wissen auch ›Golem‹ genannt. Und um diesen Wesen etwas entgegenzusetzen, nämlich den Menschen *mit* Seele, *mussten* EVA und ADAM vom Apfel essen.

✎ *siehe mein Buch: „Verschluss-Sache: B I B E L"*

Durch das ›Essen vom Apfel‹ wurde in der nächsten, darunter liegenden Ebene eine ›Entwicklungskraft‹ erschaffen.
Diese ›Entwicklungskraft‹ wurde gebraucht, um *weitere Auskristallisierungen* von oben durchführen zu können, hinab bis in unsere 4. kabb. Welt »assiah«.

Der ›Baum der Erkenntnis‹ besitzt zwei Eigenschaften:
Die Entwicklungskraft kann vom Menschen in der stofflichen Welt für die <gute 4> oder <böse 4> aus dem Schöpfungsprinzip 1:4 genutzt werden.

104. Impuls
Die Welt bei der Geburt JONAHS

„Schwer lastet die Welt der Gegensätze auf dem Menschen. Tief in seiner Erinnerung weiß er noch vom ›verlorenen Paradies‹, und aus derselben Tiefe hofft er auf eine Rückkehr in die Welt der Harmonie, des Friedens und der Einheit, die er ahnt. Er ahnt und hofft, und doch kann er es nicht glauben. Denn die Welt, in der er lebt, lässt keine derartigen Schlussfolgerungen zu, sie bietet dem Menschen nur die kalte, harte, nackte Realität, ein Auf und Nieder ohne Ende. Des Menschen Nahrung ist der Zweifel, das natürliche Produkt einer Welt der Gegensätze.
Dennoch treibt ihn die Ahnung einer Gewissheit, der Zweifel wird von einer anderen Stimme manchmal übertönt. Trotz der sichtbaren Realität träumt und hofft er auf eine andere. Er hofft auf eine Erlösung aus der aussichtslosen Tretmühle, er hofft auf einen *Durchbruch* einer anderen Wirklichkeit. Nicht immer findet er Worte für diese Erwartung; der Gegensatz zur einzig sichtbaren Wirklichkeit verwirrt ihn auf seinem Wege von den freudigen und hoffnungsvollen Gedanken zu den vor der Umwelt zu formulierenden Worten. Er schämt sich solcher Worte und lässt es sein. Und so ziehen sich die Wortmöglichkeiten von ihm zurück, er verliert die Verbindung mit ihnen."

✎ *Zitat aus dem Buch „**Das Buch Jonah**" von Friedrich Weinreb*

103. Impuls
PaRDeS

PaR(a)D(i)eS – Urhebräisch

Der ›Garten Gottes‹. Hier stehen die ›Paläste‹ mit all ihrer Pracht.

In diesem Garten wird der Weg zum Ursprung gegangen, deshalb auch ›PaRDeS-Weg‹ genannt. ✤ *siehe 115. Gedanken-Impuls und mein Buch: „Verschluss-Sache: B I B E L"*

Der ›PaRDeS-Weg‹ hat vier Welten, diese heißen im alten Wissen:
- »pschat« – Die Auslegung
- »remes« – Der Traum
- »drusch« – Der Tiefschlaf
- »sod« – Das Geheimnis

Es ist der ›Weg der Liebe‹ zu ›Gott‹. ✤ *siehe 72. Gedanken-Impuls*

102. Impuls
Das urhebräische Wort »mattir assurim«

»mattir assurim« mit den Zahlenwerten <40–400–10–200 1–60–6–200–10–40>, meint: Befreiung der Gefangenen, Befreiung der Gebundenen.

Die ›Befreiung aus dem Gebundensein‹ an die <böse 4> aus dem Schöpfungsprinzip 1:4.

Das Lösen des Bandes. Aus dem Zwang der Gefangenschaft befreien.

Das ›Auferstehen‹ der toten Menschen. „Tot" meint keine 1+4 Verbindung aus dem Schöpfungsprinzip 1:4. Das ›Auferstehen‹ zur 1+4 Verbindung.

Das Heilen der Kranken. „Krank" sind die Menschen ohne 1+4 Verbindung. Das ›Lösen der Gebundenen‹.

101. Impuls

Der Name SETH

Urhebräisch: »SCHETH«, mit den äußeren Zahlenwerten <300–400>.

Lese nicht, was geschrieben steht – entkleide!

SETH, neben KAIN und ABEL, ein Sohn von ADAM und EVA.
Nach 130 Lebensjahren bekommt ADAM seinen Sohn SETH
(SETH hat den identischen urhebräischen Zahlenwert wie ›Berg
Sinai‹). ✎ *siehe mein Buch: „Verschluss-Sache: B I B E L"*

SETH, der Zweite in der Geschlechtsfolge der Bibel, im alten Wissen
nach ADAM. ✎ *siehe 94. Gedanken-Impuls*

*Namen in der Bibel meint Eigenschaften im Menschen, nichts
anderes! Und Namen dürfen nicht personifiziert werden.*

KAIN ist die *Auswärtsbewegung* im Menschen, ABEL die *Beruhigung*
im Menschen und SETH die ›Eigenschaft des Zurückgehen Könnens‹
im Menschen. Die ›Rückweg-Eigenschaft SETH‹ im Menschen folgt
NOAH, mit dem Zahlenwert <58>. ✎ *siehe 72. Gedanken-Impuls*

100. Impuls

Das urhebräische Wort »tikkun«

»tikkun« hat den äußeren Zahlenwert <400–100–6–50> = <556> und
meint: Heilen, Heilung, wieder Ganzmachen, das Heilen der
1+4 Verbindung aus dem Schöpfungsprinzip 1:4.

Das Befreien des ›Ur-Lichtes‹, der »schechinah«, des ›Funkens‹, der
in *allem* steckt. Den ›göttlichen Funken‹ aus den ›Schalen‹ (<nur 4>)
befreien. ✎ *siehe 17., 93. und 141. Gedanken-Impuls*

Die Dinge, die uns begegnen, bitten uns, den ›göttlichen Funken‹ in ihnen zu erkennen und ihn „mitzunehmen".

99. Impuls
Der Traum im Schlaf

Das urhebräische Wort für ›Traum‹ ist »chalom« oder »choloim« mit dem äußeren Zahlenwert <8–30–6–40> = <84>.

Der volle Wert ist <584>, und der verborgene Wert ist <500>.
Der Zahlenwert <584> liegt über dem Zahlenwert <500>.
✶ *siehe 13. und 58. Gedanken-Impuls*

Der Zahlenwert <400> bezieht sich auf *diese* Welt, der Zahlenwert <500> meint die *verborgene* Welt.

Im alten Wissen gibt es drei Arten von Träumen:

1. Der Traum ›vor der Schwelle‹ (Zahlenwert <974>)
Vor der Schwelle begegnet der „Träumer" den Dämonen und Geistern im Schlaf. ✶ *siehe 95. Gedanken-Impuls*

2. Der Traum ›hinter der Schwelle‹ (Zahlenwert <975>)
Bis zur »olam briah« (die 2. kabb. Welt), im Einweihungsgeschehen die 3. Phase ›Bei Gott‹. ✶ *siehe 111. Gedanken-Impuls*

3. Traum
Dieser wird im alten Wissen »chasson« - Gesicht, Vision genannt.

Hier ist auch *sehen, schauen* gemeint, »olam aziluth« (die 1. kabb. Welt), im Einweihungsgeschehen die 4. Phase ›Das Heilige‹.

In diesem Traum sind die Visionen vom ›Jenseits‹ zuhause.

98. Impuls
Polarität und Dualität

Wir verabschieden uns bei diesen *beiden Begriffen* von unserem bekannten Verstand!

Polarität bezieht sich im Einweihungsgeschehen auf die äußere, sichtbare Welt.

Alles im Außen ist polar, hat zwei Seiten. Jede Seite muss eine Gegenseite besitzen, sonst könnten wir das Außen nicht wahrnehmen.

In einer Phase im Einweihungsgeschehen ist es zwingend erforderlich, die beiden Seiten nebeneinander stehen lassen zu können, um in die ›3. Position‹ zu kommen. Ohne Wertung, Bewertung, um uns von der ›Gefangenschaft der Polarität‹ zu befreien.

Dualität meint das ›innere Getrenntsein‹ von etwas. Getrennt von meiner ›*inneren* Ewigkeit‹. Getrennt von der 1+4 Verbindung aus dem Schöpfungsprinzip 1:4.

Symbolisch: Getrenntsein von dem paradiesischen Zustand nach dem ›Essen vom Apfel‹.
✍ *siehe mein Buch: „Verschluss-Sache: B I B E L"*

Der Weg im Einweihungsgeschehen zur 1+4 Verbindung aus dem Schöpfungsprinzip 1:4 führt über die innere ›Non-Dualität‹, über das ›Nicht-Getrenntsein‹. ›**Non-Dualität**‹ ist ein Zustand im Menschen auf dem Weg zu sich *selbst*. Nicht beschreibbar, nur erlebbar.

97. Impuls
Das urhebräische Wort »taschuw«

Das urhebräische Wort »taschuw« mit den Zahlenwerten <400–300–6–2> bedeutet Umkehr, Zurückkehren, Umdrehen, Erlösung.

»teschuwa«, die Umkehr von der <nur 4> aus dem Schöpfungsprinzip 1:4. Das ›auf den Wegen gehen‹ zur 1+4 Verbindung aus dem Schöpfungsprinzip 1:4. Das Zurückkehren (*Erlösung*) zur 1+4 Verbindung aus dem Schöpfungsprinzip 1:4.

Der urhebräische Zahlenwert <400> ist *diese* Welt. Die <400>, *diese* Welt, ist der Start.

96. Impuls
Die Thora
Es gibt im Judentum eine schriftliche und mündliche Thora.

Die *schriftliche Thora* erzählt, was im ›Absoluten‹ die Quelle ist. MOSES hat diese mitgeteilt bekommen.

Die *mündliche Thora* erzählt, *was und wie* etwas aus dem Ursprung hier in unsere Welt kommt.

In den Synagogen (jüdische Kirchen) sehen wir neben dem Buch Thora auf dem Altar auch eine Thora-Rolle.
Die Thora-Rolle steht in der Synagoge im ›Allerheiligsten‹, ein extra dafür vorgesehener Ort in der Synagoge (Hinweis: ›Bundeslade‹).
✎ *siehe mein Buch: „Verschluss-Sache: B I B E L"*

Die Thora-Rolle wird mit »koscher« Tinte auf »koscher« Pergament „gemalt". Der „Maler" bereitet sich geistig ein Jahr darauf vor. »Koscher« meint: in Ordnung, rein, recht, der rechte Weg.

Die Thora-Rolle wird mit den ›heiligen‹, urhebräischen Buchstaben (Zeichen) mit ›Krönchen‹ gemalt. Symbolisch hat die Thora-Rolle ›heilige‹ 600.000 Buchstaben (Zeichen), symbolisch 6. Tag für den 7. Tag „gemacht".

Die *mündliche Thora* ist auch die ›Weitergabe von Mund zu Ohr‹.

95. Impuls
Die ›974 Welten‹ in der Bibel

Im mündlichen alten Wissen wird von ›974 Welten‹, auch ›Unterwelten‹ genannt, erzählt.

<974>: Im Urhebräischen besitzt eine Zahl einen symbolischen Zahlenwert und nicht die uns bekannte Messgröße.

Was möchte uns die Zahl <974> in ihrer *Symbolik* er-*zählen*?
Im geschichtlichen, biblischen Sinne sind diese Welten „untergegangen". Nicht brauchbar im Sinne der 1+4 Verbindung aus dem Schöpfungsprinzip 1:4.
Sie gehören im Einweihungsgeschehen auf den Vorplatz der Vorhöfe. Dort finden wir bekanntlich das ›Blutvergießen‹, den ›Götzendienst‹ und die ›Unzucht‹. Bewohner dieser Welten sind in erster Linie die »Schedim« und die »Dibbuk«. ✎ *siehe 115. Gedanken-Impuls*

Auch wohnen dort, die von den »Schedim« „gefangengenommenen" Menschen, aus Sicht des alten Wissens. Und die Menschen, die von den »Dibbuk« (<böse 4-Energie>) in Beschlag genommen wurden.

Die ›26 Geschlechter‹ sind die *andere Seite* der ›974 Welten‹.
✎ *siehe 94. Gedanken-Impuls*

Die ›974 Welten‹ und die ›26 Geschlechter‹ ergeben zusammen den urhebräischen Zahlenwert <1000>. Und <1000>, »elef« ist ›Gott‹, ist die <1> aus dem Schöpfungsprinzip 1:4.

94. Impuls
Die ›26 Geschlechter‹ in der Bibel
Im ›Alten Bund‹ (AT) lesen wir von ›26 Geschlechtern‹, warum?

Wenn wir uns die urhebräischen Zahlenwerte von ›Herr‹, somit »JHWH« ansehen, erkennen wir die Zahlenwerte:

›J‹: <10> – ›H‹: <5> – ›W‹: <6> – ›H‹: <5> ergibt zusammen <26>.
Jeder Zahlenwert „besitzt" im alten Wissen eine bestimmte Anzahl an
›Geschlechtern‹ (*Lese nicht, was geschrieben steht – entkleide!*):

Die Geschlechter des Zahlenwertes <10> (›J‹):

1. ADAM
2. SCHETH
3. ENOSCH
4. KENAN
5. MAHALALED
6. JERED
7. CHANOCH
8. METUSCHELACH
9. LAMECH
10. NOACH

Die Geschlechter des ersten Zahlenwertes <5> (›H‹):

1. SCHEM
2. ARPACHSCHAD
3. SCHELACH
4. EBER
5. PELEG

Die Geschlechter des Zahlenwertes <6> (›W‹):

1. REU
2. SERUG
3. NACHOT
4. TERACH
5. ABRAHAM
6. ISSAK

Die Geschlechter des zweiten Zahlenwertes <5> (›H‹):

1. JAKOB
2. LEVI
3. KEHAT
4. AMRAM
5. MOSE

Die ›26 Geschlechter‹ er-zählen im alten Wissen von der *Schöpfung von Welt und Mensch*. Sie beschreiben die *guten* und *schlechten* „Eigenschaften" des Menschen in allen vier Welten. Sie geben dem Menschen Hinweise für die 1+4 Verbindung aus dem Schöpfungs-prinzip 1:4. Sie warnen vor den ›974 Unterwelten‹.
✤ *siehe 95. Gedanken-Impuls*

Jedes *Geschlecht er-zählt* von einer bestimmten *im Menschen wohnenden Eigenschaft* als Geschichte. ✤ *siehe 163. Gedanken-Impuls*

93. Impuls
Die vier urhebräischen Zahlenwerte nach der urhebr. Lehre

1. Zahlengesamtwert, auch ›äußerer Wert‹ genannt:
Er ist die *Summe* der einzelnen Zahlenwerte der einzelnen urhebräischen *Buchstaben, Zeichen* eines Wortes.

Wortbeispiel: »schechinah«, meint: ›Wohnen Gottes‹ auf Erden

Urhebräische Schreibweise: »שכינה« (*Leserichtung von rechts nach links!*)
Zeichen-Schreibweise *(Latein)*: *»Schin«-»Kaph«-»Jod«-»Nun«-»He«*

Zahlenwerte der einzelnen urhebräischen Buchstaben:
»Schin« - *»Kaph«* - *»Jod«* - *»Nun«* - *»He«*
›Sch‹: <300> - ›K‹: <20> - ›J‹: <10> - ›N‹: <50> - ›H‹: <5> = <385>

Alle urhebräischen Buchstaben-Zahlenwerte ergeben addiert einen ›äußeren Wert‹ von <385>. Die Vokale, in diesem Beispiel ›E‹, und ›A‹, werden (meistens) nicht gerechnet, da sie ›Gott‹ symbolisieren!

Der Zahlengesamtwert, ›äußerer Wert‹, <385> befindet sich zahlen-mäßig „in der Nähe" des Wortes ›Ägypten‹ (hebr. »Mizrajim«), welches einen ›äußeren Zahlenwert‹ von <380> hat.

2. Der ›volle Wert‹:

Ist die *Summe* der urhebräischen Zahlenwerte aller *Laute* eines Wortes.

Lateinisch ‖ Urhebr. Zeichen ‖ Urhebr. Laute *(von oben nach unten)*:

›Sch‹	›ch‹	›i‹	›n‹	›h‹
»Schin«	»Kaph«	»Jod«	»Nun«	»He«

›Sch‹ <300>	›K‹ <20>	›J‹ <10>	›N‹ <50>	›H‹ <5>
›i‹ <10>	›a‹ <1>	›o‹ <6>	›u‹ <6>	›e‹ <10>
›n‹ <50>	›ph‹ <80>	›d‹ <4>	›n‹ <40>	
∑ = <360>	∑ = <101>	∑ = <20>	∑ = <96>	∑ = <15>

<360> + <101> + <20> + <96> + <15> = **<592>** als ›vollen Wert‹ von »schechinah«.

3. Der ›verborgene Wert‹:

Es gibt zwei Rechenwege für die Ermittlung des ›verborgenen Wertes‹.

1. Der ›verborgene Wert‹ ergibt sich, wenn vom ›vollen Wert‹ der ›äußere Wert‹ abgezogen wird.

›Voller Wert‹ **<592>** abzüglich ›äußerer Wert‹ **<385>** ergibt **<207>** als ›verborgenen Wert‹ von »schechinah«.

2. Der letzte und/oder vorletzte Zahlenwert eines Buchstabens ergibt im Urhebräischen den ›verborgenen Wert‹.

»*Schin*«: <300–10–50>
~~<300>~~ entfällt <10> + <50> = <60> als ›verborgener Wert‹.
»*Kaph*«: <20–1–80>
~~<20>~~ entfällt <1> + <80> = <81> als ›verborgener Wert‹.
»*Jod*«: <10-6-4>
~~<10>~~ entfällt <6> + <4> = <10> als ›verborgener Wert‹.
»*Nun*«: <50-6-40>
~~<50>~~ entfällt <6> + <40> = <46> als ›verborgener Wert‹.

»He«: <5-10>

~~<5>~~ entfällt <10> = <10> als ›verborgener Wert‹.

<60> + <81> + <10> + <46> + <10> = <**207**> als ›verborgener Wert‹ von »schechinah«.

4. Der ›athbasch-Wert‹:

Dieser Wert ist die **Gegenzahl** eines *Buchstabens* und einer *Zahl*. Jedem Buchstaben und jeder Zahl steht im Urhebräischen eine Gegenzahl gegenüber.

<1> ↔ <400>	<400> ↔ <1>
<2> ↔ <300>	<300> ↔ <2>
<3> ↔ <200>	<200> ↔ <3>
<4> ↔ <100>	<100> ↔ <4>
<5> ↔ <90>	<90> ↔ <5>
<6> ↔ <80>	<80> ↔ <6>
<7> ↔ <70>	<70> ↔ <7>
<8> ↔ <60>	<60> ↔ <8>
<9> ↔ <50>	<50> ↔ <9>
<10> ↔ <40>	<40> ↔ <10>
<20> ↔ <30>	<30> ↔ <20>
<30> ↔ <20>	<20> ↔ <30>
<40> ↔ <10>	<10> ↔ <40>
<50> ↔ <9>	<9> ↔ <50>
<60> ↔ <8>	<8> ↔ <60>
<70> ↔ <7>	<7> ↔ <70>
<80> ↔ <6>	<6> ↔ <80>
<90> ↔ <5>	<5> ↔ <90>
<100> ↔ <4>	<4> ↔ <100>
<200> ↔ <3>	<3> ↔ <200>
<300> ↔ <2>	<2> ↔ <300>
<400> ↔ <1>	<1> ↔ <400>

Ein **Ding** kann nur durch die Anwesenheit eines „**Gegendings**" existieren.

Lateinisch ‖ Urhebr. Buchstabe ‖ Buchstabenwert ‖ Gegenwert
(von oben nach unten):

›*Sch*‹	›*ch*‹	›*i*‹	›*n*‹	›*h*‹
»*Schin*«	»*Kaph*«	»*Jod*«	»*Nun*«	»*He*«
›*Sch*‹ <300>	›*K*‹ <20>	›*J*‹ <10>	›*N*‹ <50>	›*H*‹ <5>
↔ <2>	↔ <30>	↔ <40>	↔ <9>	↔ <90>

<2> + <30> + <40> + <9> + <90> = <**171**> als ›athbasch-Wert‹ von »schechinah«.

Die urhebräischen Zahlenwerte er-*zähl*-en von der Struktur von Welt und Mensch.

92. Impuls
Das Schweigen

Das Schweigen ESTHERS im alten Wissen stimmt überein mit dem Grundprinzip der Schöpfung. Es ist der tiefere Sinn des Mysteriums. Die ›Umhüllung JAKOBS‹, um den Segen von ISAAK zu empfangen, ist eine Auswirkung dieses Prinzips.

So macht die Schlange den Anschlag auf den Menschen und weiß nicht, dass sie sich dadurch selbst ihre eigene Existenzbasis zerstört. So entzieht auch HAMAN sich selbst den Boden unter den Füßen. So fällt PHARAO über SARAH her und weiß nicht, wer sie ist, und so geht es auch mit ABIMELECH.

Die Entwicklung weiß nicht, dass sie sich durch ihre eigene Entwicklung aufhebt. Wenn sie es wüsste, würde es keine Entwicklung und keine Welt mehr geben.

Das *Nicht-Wissen* AMALEKS ist eine Auswirkung des göttlichen Planes, diese Welt zu erschaffen. Es ist der ›Sünde‹ vergleichbar, durch welche die *Verbannung* zustande kommt.

In der Überlieferung heißt diese AMALEK-Seite, ›das Böse‹, ein ebenso notwendiger Bestandteil der Schöpfung wie die ›gute Seite‹.

91. Impuls
Die Philister

›Philister‹ entspricht der Phase des Menschen (›ISRAEL‹), die als letzte genommen wird.

✍ *siehe mein Buch: „Impulse vom Mystischen Wissen"*
   122. Impuls: Was bedeutet Israel in der Bibel?

ABIMELECH ist der König der Philister.
»**Abi**…« meint ›mein Vater‹ und »…**melech**« meint ›König‹.

Das Land der ›Philister‹ liegt im Westen, am ›Ende der Zeit‹.
Die Philister kommen immer am Ende einer Zeit, Zahlenwert <57>, im Einweihungsgeschehen die 3. Phase.
✍ *siehe 72. und 115. Gedanken-Impuls*

Die ›Philister‹ kämpfen um das Geheimnis, wollen es nicht preisgeben, das Geheimnis ist die <1> aus dem Schöpfungsprinzip 1:4.

Die ›Philister‹ sind mächtig und listig, fast unüberwindbar. DAVID ist in der Lage, sie zu besiegen. ✍ *siehe 12. und 86. Gedanken-Impuls*

Die ›Philister‹ werden am Ende des 7. Tages besiegt, damit es zur *Acht* gehen kann.

Symbolisch: Die ›Philister‹ hatten die ›Bundeslade‹ im ›Allerheiligsten‹ gestohlen.
✍ *siehe mein Buch: „Verschluss-Sache: B I B E L"*

Die ›Philister‹ müssen sich dem Menschen kurz vor dem Übertritt ins ›innerliche Jenseits‹ als Prüfung (Hinweis: 18. Tarot-Karte) in den Weg stellen. Doch am Ende siegt DAVID *in* uns.

90. Impuls
Moria oder Morija

Der biblische Ort ›Moria‹ ist im alten Wissen die <1> aus dem
Schöpfungsprinzip 1:4. Und somit der Ursprung von *allem*.
Auch als Land, Berg bezeichnet.

Der Wortstamm von ›Moria‹ im alten Wissen ist ›lehren, unterrichten‹
Das Lernen des Menschen soll von diesem Ort, Land her kommen.
Auch das Begreifen und die ›Ein-Sicht‹.

Wer zum Ort ›Moria‹ zieht, muss seine zwei Knechte, die *Zweiheit*
und seinen ›Esel‹ (die „nur Körperlichkeit") zurücklassen.

›Moria‹ ist im alten Wissen der ›Tempelberg Jerusalems‹.

Auf dem Weg nach ›Moria‹ tritt dem Menschen der Satan gegenüber.
Satan meint ›Hinderer, Störer‹. Satan will den Menschen behindern,
den Weg zur <1> zu gehen.

Lese nicht, was geschrieben steht – entkleide!

ABRAHAM erhält von Gott den Auftrag, seinen Sohn ISAAK im Land
›Moria‹ als „Brandopfer" zu bringen (Hinweis: *Sohn* als eine zu
bauende Bewusstseinsfähigkeit).
✍ *siehe mein Buch: „Verschluss-Sache: B I B E L"*

Das Tier (die „nur Körperlichkeit") muss auf dem Weg zur <1> aus
dem Schöpfungsprinzip 1:4 auch *geopfert*, dargebracht werden, die
3. Phase im Einweihungsgeschehen.
✍ *siehe 72. und 115. Gedanken-Impuls*

Der Lebensweg eines Menschen ist im alten Wissen der ›Weg zum
Berg Moria‹.

Das Gehen des Weges nach ›Moria‹ ist das Gehen der 1+4 Verbindung aus dem Schöpfungsprinzip 1:4.

89. Impuls

Pentateuch

»Pentateuch«, Griechisch: Πεντάτευχος, ist die griechische Bezeichnung für die fünf Bücher MOSES. Sie leitet sich her vom Altgriechischen: πέντε pénte, in Deutsch: Fünf.

Der Begriff »Pentateuch« bezeichnet die ersten fünf Bücher MOSES des ›Alten Bundes‹ (AT).

Urhebräisch: Thora
Deutsch: Die fünf Bücher MOSES

Es sind die Bücher:

»Genesis«
Erzählt uns die Schöpfungsgeschichte von Welt und Mensch.

»Exodus«
Erzählt uns von MOSES, vom Auszug aus Ägypten, von den in Stein gravierten ›10 Worten Gottes‹, vom goldenen Kalb.
✎ *siehe mein Internetauftritt – Die ›10 Worte Gottes‹ („10 Gebote")*
https://www.bernhard-p-wirth.de/verschluss-sache-mensch-2/die-10-gebote/

»Leviticus«
Erzählt uns vom ›Näherkommen, Näherbringen zu Gott‹, vom *JETZT im Menschen*, vom Übergang des Menschen zu sich selbst.

»Numeri«
Erzählt uns vom Weg durch die Wüste, von den 40 Jahren in der Wüste.

»Deuteronomium«
Erzählt uns vom letzten Tag MOSES, bevor er in der Wüste stirbt. MOSES geht nicht mit nach ›Kanaan‹. ✎ *siehe 42. Gedanken-Impuls*

88. Impuls
Ein »Zaddik«

»Zaddik«, Mehrzahl: »Zaddikim«
Im Jiddischen: »Rebbe« (Mehrzahl von »Rabbi«)

Wird im alten Wissen als ein Mensch bezeichnet, der mehr tut als die ›Gesetze Gottes‹ von einem Menschen verlangen. Im ›Chassidismus‹ auch Lehrer genannt.

Im Judentum wird ein rechtschaffener Mensch als »Zaddik« bezeichnet. ›Gott‹ beschützt den »Zaddik«, siehe Psalm 146.
„Der Herr hat die Zaddikim lieb".

Auch sie können von den *Mäusen* (<böse 4>) angefallen werden.

Das ›Ur-Licht‹ bleibt ebenso den »Zaddikim« verborgen.

87. Impuls
Das Beten

›Beten‹ bedeutet im alten Wissen *nicht:* Gott Bitten vorzutragen oder Gott Aufträge zu erteilen.

Sondern es meint: *Diese Welt* mit den *anderen Welten* in Verbindung zu bringen. ✑ *siehe 115. Gedanken-Impuls*

Diese Welt ›relativieren‹ (nicht nur *dieser* Welt seine Aufmerksamkeit schenken).

Die 1+4 Verbindung aus dem Schöpfungsprinzip 1:4 im täglichen Geschehen leben.

Erkennen, dass *unsere* Welt nur ein Teil des großen Ganzen ist.

86. Impuls
DAVID und GOLIATH
GOLIATH ist der Riese in der materiellen, stofflichen Welt.

›Riesen‹ sind im alten Wissen die Widersacher des Verborgenen.
›Riesen‹ werden im alten Wissen »nefilim« genannt, vom Wortstamm
›fallen‹.

GOLIATH ist ein Enkel von ORPAS.

ORPAS, meint: Staub, mit dem Zahlenwert <3 ½>, wird hier für die
<böse 4> aus dem Schöpfungsprinzip 1:4 „verwendet" (Hinweis: Ein-
weihungsgeschehen). ✥ *siehe 115. Gedanken-Impuls*

ORPAS, hier die Kraft der „nur äußeren Entwicklung".

GOLIATH gehört im alten Wissen in die Linie der ›Philister‹.
✥ *siehe 91. Gedanken-Impuls*

GOLIATH ist die Gegenkraft des Menschen bei seiner Scheidung.

DAVID
Der ›König‹ für die 1+4 Verbindung aus dem Schöpfungsprinzip 1:4.

DAVID, der ›Geliebte‹, der ›Onkel‹. ✥ *siehe* **„Das Hohelied"** *im
›Alten Bund‹ (AT), Anm. d. Verf.: Ein magisches
Einweihungsgeschehen.*

Wonach es im alten Wissen zunächst nicht aussieht. DAVID kann nicht
einmal in Ruhe ›Hirte‹ sein (Hinweis: *Tiere hüten*).
✥ *siehe mein Buch:* **„Verschluss-Sache: B I B E L"**

Im Endkampf mit GOLIATH tritt er eher als ein Bettler auf, nicht als
›König‹.

Am 7. Tag stirbt DAVID (Hinweis: 7. Werdung).
↳ *siehe mein Buch: „Verschluss-Sache: B I B E L"*

DAVID hat sich vom Satan ablenken lassen beim Lesen der Thora.
Von den »Schedim«, von den »Dibbuk«.
↳ *siehe 62. Gedanken-Impuls*

DAVIDS Söhne empören sich gegen ihn (Hinweis: *Sohn* als zu bauende
Bewusstseinsfähigkeiten).
↳ *siehe mein Buch: „Verschluss-Sache: B I B E L"*

DAVID bleibt sieben Jahre in Jerusalem.
↳ *siehe mein Buch: „Impulse vom Mystischen Wissen"*
   179. Impuls: Biblische Orte Bedeutung

33 Jahre verbringt er woanders, im ›**Neuen Bund**‹ (NT):
Die Lebenszeit JESUS betrug 33 Jahre, ›Verbannung‹ in dieser Welt.

DAVID ist gesalbt, er kann ›Öl‹ spenden und senden (Hinweis: *Öl*).
↳ *siehe mein Buch: „Verschluss-Sache: B I B E L"*

Der Sohn DAVIDS ist SALOMO, ›der Vollendete‹ (der ›Salomonische
Tempel‹ im Einweihungsgeschehen). Beide stehen vor ihren Heeren
und kämpfen (Hinweis: *Heer*).
↳ *siehe mein Buch: „Verschluss-Sache: B I B E L"*

DAVID muss den Kampf gegen die ›Philister‹ - diese sind listig und
mächtig - aufnehmen. ↳ *siehe 91. Gedanken-Impuls*

›Stein‹ im alten Wissen meint: Das Feste, die Tafeln sind aus ›Stein‹
»ewen«, das ›Immer Seiende‹, die Ewigkeit.

DAVID *muss* im alten Wissen diesen Endkampf gewinnen, damit
SALOMO im Menschen die <58> bekommt, 3. Phase im Einweihungsgeschehen.

Der Kampf im Menschen zwischen seinen mitgebrachten, göttlichen

Eigenschaften DAVID und GOLIATH an der Grenze zum Zahlenwert <58> (Einweihungsgeschehen). ✥ *siehe 72. Gedanken-Impuls*

Dieser Kampf ist ein Endkampf, auch im Menschen. Denn jeder Mensch muss auf seinem ›Altar‹ (Handlungsebene), der im „Süden" steht, das Geschehen von der <57> zur <58> durchwandern.
✥ *siehe 115. und 139. Gedanken-Impuls*

Biblische Astrologie: Vom 12. Monat zum 13. Monat ziehen.
Immer, wenn in Märchen von Riesen erzählt wird, geht es um diese Thematik.

Die Geschichte GOLIATH gegen DAVID bezieht sich im alten Wissen, wie bei MOSES, immer auf eine Endzeit. Die große Macht der <bösen 4> ist gleichzeitig ihr Untergang.

Vielleicht befinden wir uns zur Stunde auf unserem Planeten in diesem Endkampf GOLIATH gegen DAVID?

85. Impuls
Sanft, achtsam, bewusst - *Die 3. Inspiration von Lissy*
Sanft, achtsam, bewusst und mit einem inneren Gefühl von Liebe zu anderen und zu sich selbst,
gehe ich ab heute meiner Wege.
Mein Sein und Tun wird ab sofort getragen von Liebe und Vertrauen in eine höhere Macht.
Trotz dieser Macht übe ich mich in Intelligenz und Denken, im Handeln und Tun,
doch stets verbunden mit dem Gefühl aufgehoben zu sein.
In Wissen oder Unwissen.
Damals war es Unwissen, und heute ist das mein Lebenselixier.

84. Impuls
Von den vier Möglichkeiten des menschlichen Verstandes

1. Der „bekannte Verstand" des Menschen

- Das dem Menschen in dieser Zeit beigebrachte *normale* Denken.
- Das *Massendenken* zum Lenken und Leiten des Menschen.
- Die Suche nach ausschließlich rationalen Erklärungen.
- Mit diesem Verstand ist die Ursprünglichkeit von Welt und Mensch nicht zu erfassen.
- Das *Gewohnheitsdenken* des Menschen.

2. Der „verborgene Verstand" für das Verstehen des Ursprünglichen

- Die ›Mathematik Gottes‹ ist hier zuhause.
- Das Verstehen der urhebräischen Zahlenwerte, um die Inhalte der Bibel zu erfassen.
- Der göttliche Bauplan von Welt und Mensch.
- Die urhebräischen Zahlenwerte <1:4>, <58> und <3 ½> für den Weg im Einweihungsgeschehen.
- Die Symbolik der Zahlenwerte muss jenseitig *logisch* sein, d. h., schlüssig und in sich stimmig.
- Nur mit diesem Verstand kann das alte Wissen gelesen, durchdacht und verstanden werden.

3. Der Verstand für die Inspiration des Menschen aus dem ›Jenseitigen‹

- Das ›Wunder-volle‹ des Menschen.
- Für den geschenkten ›Zu-fall‹ und den ›Ein-fall‹ des Menschen.
- Das ICH-Bewusstsein. ✎ *siehe 80. Gedanken-Impuls*
- Das ›umsonst Bekommen‹ der ›Ein-fälle‹ und ›Zu-fälle‹ für die 1+4 Verbindung aus dem Schöpfungsprinzip 1:4.
- Das ›Lenken‹ und ›Leiten‹ durch ›Gott‹ (Hinweis: ›Gott‹). ✎ *siehe mein Buch: „Verschluss-Sache: B I B E L"*
- Hier sind *keine* rationalen Erklärungen zuhause.

4. Der Verstand für das „andere Sehen" im Einweihungsgeschehen
Lese nicht, was geschrieben steht – entkleide!

Im Einweihungsgeschehen kommt der Mensch in der 4. Phase »sod« –
das ›Heilige‹, im Süden, auf den ›Altar‹, der ›Altar‹ steht im Verborgenen, im »Aijn«, im ›Nichts‹. ✥ *siehe 115. Gedanken-Impuls*

Der ›Altar‹ hier hat ›vier Ecken‹ - keine Kreise mehr.
✥ *siehe 139. Gedanken-Impuls*

Nachdem das Tier geschlachtet ist - ✥ *siehe 75. Gedanken-Impuls* -,
wird das ›Blut des Priesters‹ - ✥ *siehe 65. Gedanken-Impuls* - an die
›vier Ecken‹ gebracht. ✥ *siehe 72. Gedanken-Impuls*

Mit diesem Verstand aus einer *anderen Welt* erkennt der Mensch die
›vier Ecken‹, um anschließend weiter zu ziehen auf dem Weg zu sich
selbst. ✥ *siehe 64., 76. und 124. Gedanken-Impuls*

83. Impuls
Der urhebräische Zahlenwert <65>
Im alten Wissen lesen wir auf einer bestimmten ›Seins-Ebene im Sein‹
*(diese übersteigt die menschliche Vorstellungskraft und ist für dessen
Denken nicht wirklich zugänglich)* den Gottesnamen »Adonai«.
✥ *siehe mein Buch: „Verschluss-Sache: B I B E L"*

»Adonai« mit den Zahlenwerten <1–4–50–10> ergibt einen äußeren
Wert von <65> - was ›Herr‹ bedeutet, oder ›mein Herr‹.

Lese nicht, was geschrieben steht!

›Gott‹ sagte MOSES seinen Namen »Adonai« auf dem Berge Horeb.
Als MOSES (der aus der Dualität sich Entfernende, der mit dem Wort-
Wissen Kommende) auf dem Berge Horeb (›HÖCHSTES
Bewusstsein‹) durch seinen Stab (Nervensystem des Menschen)

zu ›Gott‹ (»JHWH«) kam, offenbarte ›Gott‹ MOSES seinen Namen.

Deshalb finden wir im Judentum für den Gottesnamen »JHWH« mit den Zahlenwerten <10–5–6–5> und dem ›äußeren Wert‹ <26> meist den „Ersatzbegriff" »Adonai«.

Wenn wir die Zahlenwerte beider Gottesnamen zusammenrechnen, <26> + <65> bekommen wir den Zahlenwert <91>. Die Zahl <91> steht für »malach«, mit den Zahlenwerten <40–30–1–20> und dem ›äußeren Wert‹ <91>, was Gesandter, Botschafter, Stimme meint.
↳ *siehe 93. Gedanken-Impuls*

Und der so wichtige Zahlenwert <3 ½> im Einweihungsgeschehen hat hier auch seinen Ausdruck: <3 ½> mal <26> (»JHWH«) = <91>.

*Bitte hier nicht mit dem **bekannten Verstand** denken, sondern mit dem **jenseitigen, logischen Zahlenverständnis** der Bibel!*

82. Impuls
»korban« im Einweihungsgeschehen
Mit dem »korban« ›Gott *näherkommen*‹, seiner Seele näherkommen, die 1+4 Verbindung aus dem Schöpfungsprinzip 1:4, geschieht hier also das Folgende:

„Während der Mensch in dieser Welt lebt, ...
Diese Welt ist die Wasserwelt, die Raum- und Zeit-Welt.

... während er hier atmet und handelt, wacht und schläft, ...
Das ›Leben des Menschen‹ hier auf Erden.

... wird sein Körper ...
Körper meint das ›Leben des Menschen‹ hier auf Erden.

... durch das »esch« ...
»esch« ist die Bezeichnung für Feuer in unserer Welt, in der
1. Schöpfung ist es der Begriff »or«, Licht. Das Verborgene.

... vom Himmel in Brand gesetzt, ...
Bezieht sich auf die 3. Phase des urhebräischen Einweihungs-
geschehens; das Oben, das Verborgene, öffnet sich dem Menschen.

... und der Geruch, ...
»reach nichoach« - der angenehme Duft.

... der vom Körper aufsteigt, ...
Durch den ›Lebensinhalt des Menschen‹ aufsteigt, durch das ›Leben
des Menschen‹ mit der 1+4 Verbindung aus dem Schöpfungs-
prinzip 1:4.

... von dem Gott sagt: Das ist eigentlich der Sinn der Schöpfung. Gott
hat ausgeatmet, um das einzuatmen. ...
Vom Ursprung den Sinn des Lebens entfernt, um dies wieder „heim-
zuholen".

Wenn das geschehen ist, brennt der Körper ...
Körper, das ›Leben des Menschen‹.

... auf dem »misbeach« weiter, ...
Altar, meint Handlungsebene im Leben.

... das ganze Leben über. ...
Der Mensch ist angebunden.

... Das Leben endet jetzt auch nicht mehr in dieser Sphäre des
»esch«. ...
Es geschehen weitere Einweihungsschritte.

... Wenn das einseitige »majim« ...
Die „nur Wasserwelt", die <nur 4> aus dem Schöpfungsprinzip 1:4.

... überwunden ist, gibt es kein Kommen und Gehen mehr. Der Ursprung ist mit dem Endziel, »esch« ...
Das Verborgene, die <1>.

... ist mit »majim«, ...
Die <nur 4>.

... zur Einheit verbunden. ...
Die 1+4 Verbindung aus dem Schöpfungsprinzip 1:4.

... Du bist dann in einer ganz anderen Welt."
Die 1+4 Verbindung aus dem Schöpfungsprinzip 1:4.

Der zitierte Text entstammt dem Buch **„Der Weg durch den Tempel"** von *Friedrich Weinreb*. Der *„weiche Text"* entstammt meinen Gedanken und bezieht sich auf das urhebräische Einweihungsgeschehen.
↳ *siehe 78. und 79. Gedanken-Impuls*

81. Impuls
›Inspiration‹
Unser Verstand ist unser Werkzeug. Die Materie, die unser Verstand „bearbeitet", ist unser äußeres Bewusstsein.

Der Mensch ist nicht sein Verstand, seine Gedanken. Er ist mehr.

Der Verstand kann nur Veränderungen und Unterschiede feststellen, um das Leben des Menschen auf unserem Planeten zu sichern.

Der Verstand benutzt das äußere Bewusstsein.

Der menschliche Verstand kann nur 24 Bilder, 24 Gedanken in der Sekunde denken, siehe die sog. *kritische Flickerfrequenz.*
↳ *siehe 64. und 76. Gedanken-Impuls*

Die Sicherheitsstufen des Verstandes
Stress, wenn der Verstand nicht mehr wie gewohnt arbeiten kann, keine Erfahrungswerte für diese Situation hat. Stress fordert Kampf oder Flucht.

Letzte Chance des Verstandes: Bewusstlosigkeit.

Die <böse 4> möchte die Stresspegel des Menschen ständig durch Angst erhöhen.

Das Bewusstsein des Menschen
Die direkte und eigene „Macht" des Menschen: ›Inspiration‹.

Das Bewusstsein (›Inspiration‹) des Menschen trifft vier Milliarden Entscheidungen pro Sekunde (Nano-Sekunden) laut der Wissenschaft (als Größenzuordnung).

›Inspiration‹ ist immer da.

Das Wissen aus einer anderen *Quelle*, aus dem ›Jenseitigen‹.
Hier ist der „Augenblick" zuhause, die Zeitlosigkeit.
Hier gibt es keine Angst.
Hier kann der bekannte Verstand nicht leben.
Wir werden den bekannten Verstand verlieren – *müssen*.

Der Verstand steht der ›Inspiration‹ im Wege, er will keine Ruhe geben. ›Inspiration‹ ist die *direkte, individuelle, geschenkte* Absicht, *nicht* der Verstand. Hier ist der Mensch zentriert, er ist in seiner Mitte. Hier ist der ›göttliche Plan von Welt und Mensch‹.

Der urhebräische Zahlenwert <13>: Die Transformation des Bekannten.

Wann gibt es Sicherheit für den Menschen? Durch das Erkennen von Strukturen, durch das Erkennen des ›göttlichen Bauplanes von Welt und Mensch‹. Dadurch wird der Mensch zentriert.

80. Impuls
Das Ego-Bewusstsein, das ICH-Bewusstsein und das ›verborgene ICH‹ des Menschen

Das Ego-Bewusstsein des Menschen
- Das Ego besitzt die „ungebändigte Energie" im Menschen.
- Diese Eigenschaft im Menschen nennt sich biblisch: ›PHARAO‹.
  ✎ *siehe mein Buch: „Verschluss-Sache: B I B E L"*
- Die Entwicklungskraft - schöner, höher, weiter, besser, etc.
- Die Welt der »Schedim«-Energie.

Das ICH des Menschen teilt sich im alten Wissen in zwei Bereiche:

Einmal in das ICH für das Leben und Überleben in dieser Welt
- Die Überlebensinstinkte und Grundbedürfnisse des Menschen in dieser Welt: Hunger, Durst, Schlafen, usw.
- Das ICH-Bewusstsein des Menschen für die Existenz in »assiah«, in der 4. kabbalistischen Welt.
  ✎ *siehe mein Buch: „Impulse vom Mystischen Wissen"*
  173. Impuls: Die vier Welten
- Dieses ICH wurde dem Menschen von Gott geschenkt, um hier auf Erden leben zu können.

Zum anderen das ICH-Bewusstsein des Menschen, das in sich den „Selbsterlösungswahn" trägt
- Die große ICH-Bezogenheit der <nur 4>.
- Dieses kräftige ICH möchte das Leben ausschließlich selbst in die Hand nehmen und erlösen. Ohne die Seele, ohne ›Gott‹.
- Dieses ICH-Bewusstsein denkt und lebt in der <nur 4> aus dem Schöpfungsprinzip 1:4.
- Dieses ICH-Bewusstsein erzeugt die ›Schalen‹, die Umhüllung.
- Hier ist die ›Welt der Schalen‹, »klippoth«, die „nur Umhüllung", ohne die <1> aus dem Schöpfungsprinzip 1:4 zuhause.
- Und ›Schalen‹ machen den Menschen krank.

- Dieses ICH-Bewusstsein möchte die Heilung eines Erkrankten ohne die seelische Anbindung, ohne ›Gott‹.
- Im alten Wissen wird dieses ICH-Bewusstsein als „gefangenes ICH" bezeichnet. Gefangen in der <nur 4-Welt>.
- Aus dem alten Wissen wird zu diesem ICH-Bewusstsein erzählt: Wenn der Mensch sagt: „*Ich* denke…", verdrängt er damit ›Gott‹.

Und das ›verborgene ICH‹, das ›göttliche ICH‹ des Menschen
- Dieses ICH überlässt ›Gott‹ die Führung.
- Dieses ICH vertraut. Vorsicht: Hier ist nicht das „Trauen der <bösen 4>" gemeint.
- Dieses ICH sucht keine rationalen Erklärungen.
- Hier sind die ›Ein-fälle und Zu-fälle‹ aus dem ›Jenseitigen‹ zuhause.
- Hier wohnt das ›Hören im Schweigen‹.
- Hier erfährt der Mensch, dass die Dinge um ihn und in ihm ganz anders sind.
- Hier wird dem Menschen das *Andere*, das **V**erborgene gezeigt. *Nur* hier!

Das ICH im Einweihungsgeschehen
- Die ICH-Thematik ist im Einweihungsgeschehen, in der 2. Phase, mit das zentrale Anliegen auf dem Weg zur 1+4 Verbindung aus dem Schöpfungsprinzip 1:4.
  ✎ *siehe meinen Online-Video-Kurs:* **„***THE SECRET OF LIFE*** *– Verschluss-Sache: MENSCH"*
- In der 4. Phase im Einweihungsgeschehen wechselt das ICH aus der Gefangenschaft, aus der <nur 4>, in die Wahrnehmung der 1+4 Verbindung aus dem Schöpfungsprinzip 1:4.
- Im ›Heiligen des Heiligen‹ ist das ICH des Menschen dann total frei. ✎ *siehe mein Buch:* **„***Verschluss-Sache: B I B E L"***

79. Impuls
Die zwei Arten des »korban«

Das »korban« (›Näherkommen‹) »ola« (›Aufsteigen‹)
Die freiwillige und absichtslose Suche eines gesunden Menschen nach der Verbindung von <1> und <4> nach oben.

»ola«, Urhebräisch: auf, hinauf, ›Aufsteigen‹ durch das Verbinden von Erde (<4>) und Himmel (<1>).

Eigenschaften des »korban ola«:
Ein »korban ola« geschieht, wenn der Mensch die <4> und die <1> *absichtslos*, „gesund" verbinden will.

Das »korban ola« muss vom »bakar« vom Rind stammen, muss »sachar« ›männlich‹ sein, »tamin« ›vollkommen‹, ohne Anlass sein, und der Mensch muss Hüter des »zon«, des Äußeren, sein. Die »smicha«, ›Übertragung‹, das Tun muss »tamid«, d.h. *immer* mit dem ganzen Gewicht seiner Taten für das »korban ola« erfolgen.

»bakar«, Rinder: Die Eigenschaft des aktiven Prinzips im Menschen als Lebensgrundlage, aktiv für das Wesentliche, jedoch auch die Möglichkeit im Menschen ›Götzendienst‹ (Dienst für die „nur Außenseite") zu tun. Rinder besitzen symbolisch die Fähigkeit, sich um sich selbst zu kümmern.
»sachar«, ›männlich‹: Die <1> vom 1:4 Prinzip.
»tamin«, vollkommen: Ohne Fehler, keinen Anlass haben, ohne Ausnahme.
»zon«, das Äußere: Schafe und Ziegen, das „nur Äußere"; passive Herdentiere, die der Hirte (Mensch) hütet, das „nur Äußere" kann den Menschen und durch sein Verhalten er auch seine Mitmenschen von der 1+4 Verbindung abtöten.
»smicha«, Übertragung: Auf etwas ruhen, das ganze Gewicht seiner Handlungen auf etwas legen.

›Opfer‹ meint Freude, ›Gott‹ hat sich geopfert, um uns Liebe zu schenken, wir müssen das <nur 4-Leben> opfern.

Der Zustand für den Menschen: Suche nach Verbindung nach Oben. Kann nur ›umsonst‹ gebracht werden, darf keinen Anlass oder Grund haben, zum Beispiel Krankheit, Sorgen.

Muss *rein* sein, „mit seinem Willen".

Es geschieht als Eingreifen und Handeln in unserem Leben. Das ganze Leben, die ganze Erscheinung, die ganze Lebensführung muss beim »korban ola« miteinbezogen werden, ohne ›Götzendienst‹, ohne Dienst am Fremden, ohne ›Unzucht‹, ohne ›Blutvergießen‹.

Das »korban ola« kann niemals *weiblich*, die <nur 4>, sein.

Das »korban ascham«
Das „Nachdenken können" über sich und den Sinn des Lebens in der *aus Versehen* erlittenen Krankheit, im Schicksal, ist »korban ascham«. Mit dem Ziele, Leben künftig mit der 1+4 Verbindung zu leben.

»ascham«, Urhebräisch: ›Sündopfer‹, Schuldopfer (für die Heilung der 1+4 Verbindung), opfern der <nur 4-Verbindung>. Bei dieser üblichen Übersetzung für die heutige Zeit verbirgt sich die Gefahr des „Schuldigseins". Es ist jedoch für das Handeln (1+4 Verbindung herstellen) ab jetzt, für die und in der Zukunft gemeint.

Das menschlichste und großartigste ›Opfer‹.

Der »chole« Kranke ist »beschogeg« ›aus Versehen‹ durch »kareth« das ›Abgeschnitten sein‹ von der 1+4 Verbindung »tuma« erkrankt. Hier wird das »korban ascham« notwendig. Durch das »korban ascham« ›Sündopfer‹ wird die 1+4 Verbindung von oben durch den ›Hohepriester‹ (Unreinheit nehmen) beim Menschen wieder für das Zukünftige geöffnet. Der »chole« Kranke muss dieses »korban« ›Gott näherkommen‹ sich ins Bewusstsein bringen.

»chole«, der Kranke: Das Gewöhnliche, ohne 1+4 Verbindung.
»beschogeg«, ›aus Versehen‹: aus Unwissenheit.
»kareth«, abgeschnitten: abschneiden.
»tuma« erkrankt: unrein, krank. Kranksein im Sinne „die verlorene 1+4 Verbindung im Zukünftigen wieder erlangen".

Das »korban ascham« ist die Möglichkeit: Das Ende der Tage ohne 1+4 Verbindung.

Der Mensch will ›*aus Versehen*‹ den Sinn des Lebens nicht erkennen und lieber in der Knechtschaft bleiben.

Das »korban ascham« ist die Erlösung der Seele für die 1+4 Verbindung. Die körperliche oder geistige (denkendes Bewusstsein) Erkrankung. Die Heilung »korban ascham« der Seele kommt *von oben* zum Menschen. Das Oben hilft dem Menschen und stellt die 1+4 Verbindung wieder her.

Verschiedene Arten, wird jeden Tag gebracht. Gedenke dem Tag.

Es kommt für jeden Menschen der Moment, wo er sein »korban ascham« bringt.

- Das Ausrotten der <nur 4-Verbindung> vom 1:4 Prinzip.
- Das ›Sündigen‹, das ›Abgesondert-sein‹ von der 1+4 Verbindung ›*aus Versehen*‹, aus Unwissenheit.
- ›Sündopfer‹, nicht Vergebung, keine Strafe, ›Opfer‹ nicht im herkömmlichen Sinne, sondern 1+4 Verbindung herstellen für das Zukünftige. Ist die 1+4 Verbindung hergestellt, ist das ›Sündopfer‹ vollendet.
- Schuldopfer, die „Nicht-Verbindung" der 1+4, im Sinne von es „bringen müssen" im Zukünftigen.
- ›Aus Versehen‹: Besetzt, angeheftet von einem »Sched«, ›Dämon‹, »Dibbuk«. Zustand für den Menschen: *Kranksein.*
- Abgeschnitten von seiner Seele, von ›Gott‹, von der *inneren, anderen Welt* durch: ›Götzendienst‹, ›Unzucht‹ (die Dinge dieser

Welt nur mit dem Maßstab *dieser* Welt messen), und damit wird das ›Blut vergossen‹ - der *ursprüngliche* Sinn des Lebens geht verloren.

- Ins Bewusstsein bringen: Nur der Außenwelt zugewandt, getrennt von seiner Seele, von ›Gott‹ sein.
- Das Gespräch mit der Seele, mit ›Gott‹ suchen.
- Wer das Ursprüngliche, ›Vater und Mutter‹ verflucht.
- Wer Planeten oder Tierkreiszeichen bestimmen lässt.
- Trennung ›Gott‹ und Arbeit: ›Götzendienst‹.
- Abgeschnitten sein vom Weg, von der Ursprünglichkeit.
- Das Ausrotten der Vielheit hin zum Menschsein.
- Das menschlichste Prinzip, hier kommt man sich selbst, ›Gott‹, auf die menschlichste Art und Weise näher.
- Ins Bewusstsein bringen, dass mit dem Erkrankten etwas nicht stimmt. Betrifft den ganzen Körper des Menschen.

Der Mensch findet zu sich Selbst, zu seiner Seele und wird von den »Schedim«, ›Dämonen‹ und den »Dibbuk« befreit.

Wenn das ›Männliche‹ (gedenke, tue, das Weiße, das Gute) und das ›Weibliche‹ (hüte dich davor, das Schwarze, das Böse) vereint sind, wird der Mensch gesund. ✎ *siehe 82. und 78. Gedanken-Impuls*

78. Impuls
Das Wort »korban« aus dem Urhebräischen
»korban« wird meist übersetzt mit ›Opfer‹, opfern,
und meint im Urhebräischen: Näherbringen, Näherkommen.

Die Sehnsucht nach Verbindung.
Die Sehnsucht sich *Selbst* näherzukommen.
Die Sehnsucht ›Gott‹ näherzukommen.
Die Sehnsucht dem Ursprung näherzukommen.
Das Näherkommen zu seiner Seele, zu ›Gott‹.

Das Befreien der Seele aus der Gefangenschaft.
Das freiwillige und absichtslose Näherkommen zu seiner Seele, zu
›Gott‹. ✎ *siehe 79. und 82. Gedanken-Impuls*

Kein Tieropfer im klassischen Sinne.
Erlösung in der Zweiheit aus der Zweiheit.
Biblisch: Nur in der Wüste möglich, niemals in Ägypten.

77. Impuls
Der Sand

Im alten Wissen ist Sand symbolisch das ›Allgebrochenste‹, das
Kranke. Das „nicht in Einheit" Seiende. Die „nicht 1+4 Verbindung"
aus dem Schöpfungsprinzip 1:4.

Andere Begriffe in der Bibel für Sand:
Die ›Norm‹, das Gewöhnliche, das Krankmachende, die Vielheit, die
<nur 4> aus dem Schöpfungsprinzip 1:4.

Sand liegt zwischen Wasser und Land, an der *Grenze* von zwei
Welten.

Sand liegt zwischen dem ›Diesseits‹ und dem ›Jenseits‹. Der Mensch
muss beide Seiten bewohnen.

Im Traum bedeutet ›Sand‹ das Erkennen, dass beide Seiten im
Menschen wohnen.

Vielleicht hat der Spruch „Sand im Getriebe" mit dem „Nicht-Gehen"
der 1+4 Verbindung zu tun?

76. Impuls
Der „verborgene Verstand" des Menschen
Dem verborgenen Verstand des Menschen gegenüber steht der bekannte Verstand.

Bekannt meint:
Der Verstand, das Denken, den/das wir täglich nutzen und benutzen. Es ist der Verstand, den wir von der <bösen 4> seit unserer Geburt installiert bekommen haben, um unseren Verstand für ihre „Interessen" zu benutzen. Es ist der Verstand, den wir für die <4> aus dem Schöpfungsprinzip 1:4 brauchen, um in unserer Welt unsere „Geschäfte" erledigen zu können. Um unsere „rationalen" Erledigungen in Ordnung zu halten.

Der bekannte Verstand arbeitet aus psychologischer Sicht meist automatisch durch das Unterbewusstsein. Das „gewöhnte" Denken, die Gewohnheit.

Andere Begriffe für „bekannt":
Vertrautes Denken, allgemeines Denken, gewöhnliches Denken, Massendenken, das Todes-Denken.

Die <4> aus dem Schöpfungsprinzip 1:4 darf im alten Wissen nicht missachtet werden. Es sind die vier Elemente, die vier Finger der Hand, die vier kabbalistischen Welten im Einweihungsgeschehen.
✎ *siehe 115. Gedanken-Impuls*

Der auch im Menschen wohnende verborgene Verstand braucht der Mensch, um den Weg der 1+4 Verbindung aus dem Schöpfungsprinzip 1:4 zu gehen. Ausschließlich *diesen* Verstand.

Was ist der verborgene Verstand?
Mit ihm, dem verborgenen Verstand, sucht der Mensch die Struktur 1:4 in dieser Welt. Damit der Mensch dieses Wissen um die 1+4 Verbindung in seinem Leben empfangen kann. Mit dem bekannten Verstand ist dies unmöglich.

Mit ihm, dem verborgenen Verstand, denkt der Mensch von *oben* nach *unten*. Dadurch bekommt der Mensch das Wissen um die ›Mitarbeit von Oben‹, vom ›Jenseitigen‹. Dies meint: Zu-fälle, Ein-fälle. Die ›Zufälle und Einfälle‹ dienen ausschließlich der 1+4 Verbindung aus dem Schöpfungsprinzip 1:4. Mit dem bekannten Verstand ist dies unmöglich, dieser denkt nur horizontal.

Mit ihm, dem verborgenen Verstand, rechnet der Mensch nicht mehr im gewohnten, vertrauten Sinne. Hier lebt das ›Tun umsonst‹. Denn die ›Zufälle und Einfälle‹ sind ein Geschenk für den Menschen auf dem Weg zur 1+4 Verbindung aus dem Schöpfungsprinzip 1:4. Mit dem bekannten Verstand ist dies unmöglich; er rechnet, berechnet, sucht seinen Nutzen.

In jedem Menschen, nicht »Schedim«, wohnt der ihm von Oben mitgegebene verborgene Verstand. Damit der Mensch die 1+4 Verbindung aus dem Schöpfungsprinzip 1:4 erhalten kann.

Das alte Wissen:
Jede Erklärung, jedes Verstehen wollen, jedes Begreifen, jedes Heilen, jegliches Lehren, jedes Betrachten der äußeren Welt, jegliches Sprechen und Hören, jegliches Messen - also der bekannte Verstand - *ohne* die 1+4 Anbindung aus dem Schöpfungsprinzip 1:4, dient ausschließlich der Lebensenergie der »Schedim«. Dadurch werden die »Schedim« am Leben erhalten.

Das alte Wissen empfiehlt dem Menschen:
Nicht dein Gedanke ist das Entscheidende, sondern dein Tun, deine Tat. Dein Tun sollte deine Gedanken bestimmen.
↳ *siehe 64., 84. und 124. Gedanken-Impuls*

75. Impuls
Das Tier im alten Wissen

Das Tier bedeutet im alten Wissen die ›körperliche Erscheinung‹, das ›Leben‹ *hier* auf Erden.

Die drei Arten der Tiere im alten Wissen:
- Unser tierischer Körper als stoffliche Erscheinung.
- Die Tiere: Hunde, Katzen, Schweine, Schafe, Kühe, usw.
- Die Tiere am ›Thron Gottes‹: *Adler, Stier, Löwe*
  ✎ *siehe mein Buch: **„Impulse vom Mystischen Wissen"** 86. Impuls: Die vierfache magische Formel*

Jedes Tier besitzt eine »nefesch«, eine ›Körperseele‹; ›Blut‹
✎ *siehe 74. Gedanken-Impuls*

Die »nefesch« ist eine der *sieben* Seelengewänder des Menschen. Nur durch die »nefesch«, die ›Körperseele‹, kann sich Leben auf Erden verstofflichen. Im alten Wissen wird sie daher auch ›Das Wunder des Lebens‹ genannt. Nur durch die »nefesch« ist Leben auf unserem Planeten möglich.

Die »nefesch«, die ›Tierseele‹, auch ›Triebseele‹ genannt, ist nicht unser *stofflicher* Körper »guf«, sondern das Seelengewand des Menschen, welches dem stofflichen Körper das Leben „schenkt".

Das ›Tier‹ sind auch die „stofflichen" Handlungen des Menschen in seinem Leben. Der Mensch sollte eine „besondere" Einstellung zu *seinem Tier* (seinem stofflichen Leben) bekommen.

Jede Art von Massentierhaltung entspricht nicht dem ursprünglichen Sinn der »nefesch«, der ›Tierseele‹.

Im Einweihungsgeschehen, der 1+4 Verbindung aus dem Schöpfungsprinzip 1:4, *muss* das ›Tier‹, die körperliche Erscheinung, das Leben des Menschen mitgenommen werden.

Das ›Tier‹ muss ›Gott nahe gebracht werden‹. Das *ganze* ›Tier‹ im täglichen Leben.

Tieropfer in der Bibel:
Bitte hier nicht mit dem bekannten Verstand denken, sondern mit dem verborgenen Verstand! ✎ *siehe 76. und 124. Gedanken-Impuls*

Das im Kreis (<böse 4>) gefangene ›Tier‹ (Leben) muss im Einweihungsgeschehen geschlachtet werden. Das Blut, die »nefesch« des Tieres, wird aufgefangen und zu den ›vier Ecken‹ auf dem ›Altar‹ (meint die ›Handlungsebene‹ der 1+4 Verbindung aus dem Schöpfungsprinzip 1:4) gebracht. ✎ *siehe 139. Gedanken-Impuls*

Die »nefesch«, die ›Tierseele‹ des Menschen, wird in den Bewusstseins-Stufen der zweiten Ebene zugeordnet: der ›Vital-Energetischen Ebene‹ (Vorstufe aller Körperlichkeit).
✎ *siehe mein Buch: „Verschluss-Sache: B I B E L“*

Die »nefesch« ist der Träger *allen* stofflichen Lebens. Sie ist die ›Existenz des Menschen‹, sein Dasein. Sie berechtigt den Menschen zu sagen: *Ich lebe!*

74. Impuls
Das Blut im menschlichen Körper
Was bedeutet Blut im alten Wissen?

Das urhebräische Wort für Blut ist »dam«, <4–40>. Der Name A-*dam* <1–4–40> erzählt, dass das ›Göttliche‹, die <1>, in die stoffliche Erscheinung, die <40>, gehen wird. Mit dem Ziel der 1+4 Verbindung aus dem Schöpfungsprinzip 1:4
✎ *siehe mein Buch: „Verschluss-Sache: B I B E L“*

ADAM heißt im alten Wissen auch ›Gott gleichen‹. *Gleichen* im Sinne der 1+4 Verbindung aus dem Schöpfungsprinzip 1:4, die hergestellt und gelebt werden kann und soll.

Blut ist symbolisch die »nefesch«, die ›Körperseele‹, die wie ein Mantel den Körper des Menschen (hebr. »guph«) unsichtbar umhüllt und *hier* die 1+4 Verbindung aus dem Schöpfungsprinzip 1:4 sucht.

Im Einweihungsgeschehen ist das Blut, die »nefesch«, das *Erste*, was auf dem Weg der 1+4 Verbindung aus dem Schöpfungsprinzip 1:4 angegangen werden sollte. Dann folgen die »ruach«, die ›Geistseele‹ und zum Schluss die »neschamah«, die ›Individualseele des Menschen‹. **Vorsicht:** Auf dem Vorplatz des Tempels ist ›*Blutvergießen*‹ möglich!

Die <böse 4>
Wenn das Herz versteinert ist, <böse 4>, kann der Blutkreislauf nicht mehr stattfinden. Kann die »nefesch« nicht mehr arbeiten. Das Herz bringt normalerweise das Blut im Körper überall hin.
✎ *siehe 59. Gedanken-Impuls sowie mein Buch „Tränen der Seele"*

Wie sich das Blut im menschlichen Körper *überall hin* verteilt, möchte die »nefesch«, die ›Körperseele‹, sich im Leben eines Menschen *überall hin* verteilen.

73. Impuls
Feuer – Das Feuer des Himmels
Urhebräisch »esch« mit den Zahlenwerten <1–300>.
Dieses Feuer brennt ununterbrochen.
Der ›brennende Dornenbusch‹ bei MOSES im ›Alten Bund‹ (AT) ist nicht erloschen. ✎ *siehe mein Buch: „Verschluss-Sache: B I B E L"*

Feuer, »esch«, meint Licht. Und ›Gott‹ sprach: „*Es werde Licht…*",
das Licht aus dem »en sof«, aus dem Ursprung.

Dieses Feuer, dieses Licht wird im alten Wissen »schechinah«
genannt. Es ist die ›Wohnung Gottes‹ auf Erden, in unserer Welt
»assiah«. Das *wirkliche* Zuhause der »schechinah« ist die
›Bundeslade‹ im ›HÖCHSTES Bewusstsein‹ liegend.
✑ *siehe mein Buch: „Verschluss-Sache: B I B E L"*

Dieses ›*Feuer entzünden*‹ ist gemeint, um die 1+4 Verbindung aus
dem Schöpfungsprinzip 1:4 zu aktivieren. Denken Sie hier bitte auch
an den ›Stab MOSES‹, die menschliche Wirbelsäule, das menschliche
Nervensystem und die zu aktivierende Kundalini-Energie (im Yoga).

Die 3. Phase im biblischen Einweihungsweg ist das ›*Bearbeiten des
Lebens eines Menschen mit dem Feuer*‹ auf dem ›Altar‹.
✑ *siehe 115. Gedanken-Impuls*

72. Impuls
Der Zahlenwert <58> im alten Wissen
Wir finden im Urhebräischen in dem Wort für ›Liebe‹ »chen«,
<8–50>, mit dem Gesamtzahlenwert <58>.
*Bitte hier beim Wort ›Liebe‹ nicht mit dem **bekannten** Verstand
denken, sondern den **verborgenen** Verstand einschalten!*
✑ *siehe 76. und 124. Gedanken-Impuls*

Im urhebräischen Wort für Ohr »osen«, <1–7–50>, begegnen wir
ebenfalls dem Zahlenwert <58>.
Die <58> steht auch für ›die Fülle dieser Welt‹, die *Erfüllung*.

Das Ohr steht symbolisch im Einweihungsgeschehen für das ›Hören
im Schweigen‹, dem wir in der 5. Phase begegnen. Dort ist auch das
Schöpfungsprinzip 1:4 zuhause. ✑ *siehe 115. Gedanken-Impuls*

Auch der Name NOACH, <50–8>, besitzt den Gesamtzahlenwert <58>.

Der Engel METATRON, Urhebräisch »metat«, der ›Engel des Inneren‹, wohnt im Zahlenwert <58>. Und als MOSES die Welt verlässt, geht er auf den Berg »newo« mit dem Zahlenwert <58>. MOSES geht symbolisch in die *Erfüllung.*

Immer wieder treffen wir im alten Wissen auf den Zahlenwert <58> – zufällig?

Der Zahlengesamtwert von ›Altar‹, im Urhebräischen »misbeach«, <40–7–2–8>, beträgt <57>. Der ›Altar‹ mit seinen ›vier Ecken‹, meint in der Symbolik des alten Wissens die Handlungsebene des Menschen in *dieser* Welt für die 1+4 Verbindung aus dem Schöpfungsprinzip 1:4. Auf seiner ›Handlungsebene‹, auf dem ›Altar‹ (<57>), muss vom Menschen die <4> gebracht werden.
Die *innere „Altararbeit"* ist im alten Wissen ausführlich beschrieben ✍ *siehe 139. Gedanken-Impuls*
und mein Buch „Verschluss-Sache: B I B E L"

Es geht dabei um ein ›Inneres Handeln‹, das von der <bösen 4> nicht wahrgenommen werden, denn diese sucht und wertet im Außen.
Der Zahlenwert <57>, das *Handeln,* steht vor dem Zahlenwert <58>, der *Erfüllung.* Durch die innere Handlung des Menschen (<57>), entsteht die <58>, die *innere Erfüllung,* die Liebe zu seiner Seele.

<58>: Es gibt eine <4>, die auf dem ›Altar‹ (<57>) *bearbeitet* werden muss, damit die <4> zur <1> gehen kann.

71. Impuls

Die Organuhr des Menschen nach der Traditionellen Chinesischen Medizin - Von den Arbeitszeiten und Ruhezeiten unserer Organe

Die Organuhr in der Traditionellen Chinesischen Medizin (TCM) besagt, dass der Energiekreislauf in unserem Körper immer gleich abläuft. Alle Organe haben ihre eigenen Arbeits- und Ruhezeiten.

So hat in 24 Stunden jedes Organ eine Phase, in der es eine minimale und eine maximale „Leistung" abruft. Der Zyklus der inneren Organuhr in der TCM beginnt um 3 Uhr morgens.

Das sind die unterschiedlichen Arbeits- und Ruhephasen der menschlichen Organe:

3 - 5 Uhr	**Hochphase**: *Lunge* | **Ruhephase**: *Harnblase*
5 - 7 Uhr	**Hochphase**: *Dickdarm* | **Ruhephase**: *Niere*
7 - 9 Uhr	**Hochphase**: *Magen* | **Ruhephase**: *Kreislauf*
9 – 11 Uhr	**Hochphase**: *Milz und Bauchspeicheldrüse* **Ruhephase**: *Dreifach-Erwärmer-Meridian (Leitbahnen) für die Wärmeregulation*
11 – 13 Uhr	**Hochphase**: *Herz* | **Ruhephase**: *Gallenblase*
13 – 15 Uhr	**Hochphase**: *Dünndarm* **Ruhephase**: *Leber und Lebermeridian (Leitbahnen)*
15 - 17 Uhr	**Hochphase**: *Harnblase* | **Ruhephase**: *Lunge*
17 - 19 Uhr	**Hochphase**: *Niere* | **Ruhephase**: *Dickdarm*
19 – 21 Uhr	**Hochphase**: *Kreislauf* | **Ruhephase**: *Magen*
21 – 23 Uhr	**Hochphase**: *Dreifach-Erwärmer* **Ruhephase**: *Milz und Bauchspeicheldrüse*
23 – 1 Uhr	**Hochphase**: *Gallenblase* | **Ruhephase**: *Herz*
1 – 3 Uhr	**Hochphase**: *Leber* | **Ruhephase**: *Dünndarm*

Vielleicht können die Arbeitsphasen der Organe Hinweise geben auf das nächtliche ›Wachsein‹ eines Menschen?

70. Impuls

„Ich les' dir die Leviten!"

Die Redewendung ›*Jemandem die Leviten lesen*‹ bedeutet so viel, wie ihn zu tadeln, zu schimpfen oder zu ermahnen. Der Ausdruck geht zurück auf das Mönchswesen und auf die Bibel, konkret das dritte Buch MOSES, das auch ›*LEVITICUS*‹ genannt wird.

»Leviten«, Einzahl »**Levi**« meint im Urhebräischen: Geleiten, begleiten, Begleiter.

Im alten Wissen wird erzählt, dass der Mensch, *ab seiner Geburt*, von einem »Levi« begleitet wird. Im Tempel (Einweihungsgeschehen) wird der »Levi« zum Priester, der dich durch deinen Tempel begleitet. Der Priester stammt vom Levi ab. In der 5. Phase der Einweihung (1+4) im ›Allerheiligsten‹ wird er ›Hohepriester‹ genannt.
✎ *siehe 115. Gedanken-Impuls*

Den bekannten Verstand zur Seite legen, denn es wohnt in DIR.

Beim Menschen, der nur in der <bösen 4> lebt, befindet sich der »Levi« *symbolisch* im Tiefschlaf. Der »Levi« *in dir* begleitet dich aus Ägypten: dort heißt er AARON, Bruder von Moses.
✎ *siehe mein Buch: „Verschluss-Sache: B I B E L"*

Die 15 Psalmen werden von den »Leviten« auf den ›15 Stufen‹ zwischen jeder Einweihungsstufe gesungen.
✎ *siehe 66. und 115. Gedanken-Impuls*

Vielleicht meint ›*die Leviten lesen*‹: Wecke deinen ›inneren Begleiter‹ auf! Vielleicht…?

Möge dein »Levi« in dir wach sein und dich auf dem Weg zur 1+4 Verbindung aus dem Schöpfungsprinzip 1:4 begleiten, und dir die „andere" Schönheit der in dir verborgenen Welt zeigen.

69. Impuls
Altes Testament

Lese ›Alter Bund‹!
Bund meint die Verbindung zu deiner Seele, zu ›Gott‹. Es meint die
1+4 Verbindung aus dem Schöpfungsprinzip 1:4.

»*GENESIS*«
* Kapitel 1, Vers 1
Im Anfang schuf Gott den Himmel und die Erde.

*Lese nicht mit dem bekannten Verstand – entkleide mit deinem
verborgenen Verstand die in diesem Satz liegende Symbolik!*

Denn mit ›Himmel‹ ist nicht *der Himmel* über dir gemeint.
Und mit ›Erde‹ ist nicht *die Erde,* auf der du stehst, gemeint.

Himmel
Die feinste, subtilste ›**Seins-Ebene**‹, *auf der die Eigenschaften und
Aspekte des Ursprungs als duale Eigenschaften und Aspekte definiert
sind*; die Eigenschaften der »Elohim«; *alle* **Verwirklichungen**
unterliegen diesen Eigenschaften, Prinzipien, Gesetzen, Leitlinien; sie
müssen vor der Verwirklichung da sein, denn nach ihnen *muss* sich
ALLES richten; das Trennende zwischen Ursprung und Schöpfung.

Erde
Das ›Feld der Schöpfung‹ in der 2. kabb. Welt »briah«, der ›Welt der
Schöpfung‹; es wurde noch nichts „erschaffen" im Sinne der
materiellen Welt; das ›**Grundstück**‹ für die Erbauung der Schöpfung;
erst im weiteren Text wird vom *räumlichen* Himmel und der
materiellen Erde berichtet.

Wenn wir Menschen unser **b**ekanntes, durch die Kirchen geprägtes,
Denken zum Inhalt des ›Alten Bundes‹ (AT) beiseite Seite legen, und
die Texte mit unserem **v**erborgenen **V**erstand lesen, enthüllen sie uns
in direkter Art und Weise als Einweihungsgeschehen den Weg der 1+4
Verbindung aus dem Schöpfungsprinzip 1:4.

68. Impuls

Die Welt der Engel

Was meint im alten Wissen der Begriff ›Engel‹?
Engel sind im alten Wissen *Boten* und bringen dem Menschen eine
Botschaft.
Bitte hier auch an die Brieftaube bei NOAH denken.
✍ *siehe mein Buch: „Verschluss-Sache: B I B E L"*

Engel sind die Diener Gottes auf *allen* Ebenen. Urhebräisch »sar«.
Engel meint dem Menschen ›eine Botschaft zum Umsetzen‹ geben.
In der Legende von MOSES und seinem Bruder AARON im ›Alten
Bund‹, symbolisiert AARON die ›umsetzende Kraft‹ in uns
✍ *siehe mein Buch: „Verschluss-Sache: B I B E L"*

Durch die »ruach«, Urhebräisch für Wind, Geist, Bewegung, können
die Engel arbeiten.
Engel gibt es sowohl auf der „rechten Seite" wie auf der „linken
Seite": ›*Gut- und Böse-Thematik*‹.
Die Engel möchten dem Menschen den Weg zur 1+4 Verbindung aus
dem Schöpfungsprinzip 1:4 zeigen. Den Weg heraus aus ›Sodom‹.

Kabbalistisch: Die *Ton-Laute* sind Engel, die die ›unbelebte
Schöpfung‹ ausfüllen. Ohne sie könnte die Welt *hier* nicht existieren.

Im Einweihungsgeschehen gibt ein Engel dem Menschen den
Schlüssel für die nächste Stufe, den ›Öffner‹ in eine neue Phase auf
dem Einweihungsweg.

Es gibt **vier Erzengel**: MICHAEL, GABRIEL, URIEL und RAPHAEL

MICHAEL: ›Wer ist Gott‹?
GABRIEL: Die Kraft, die ›Erscheinung Gottes‹.
URIEL: Das ›Licht Gottes‹.
RAPHAEL: Die Genesung, die ›Heilung Gottes‹.

Zwei Engel steigen *auf* und **zwei** Engel steigen *nieder*.

Die symbolischen Himmelsrichtungen:
MICHAEL steht *rechts* von dir.
GABRIEL steht *links* von dir.
URIEL steht *vor* dir.
RAPHAEL steht *hinter* dir.

Engel bringen dem Menschen die ›Inspiration‹, die Botschaft.
Inspiration bitte nicht mit *Intuition* verwechseln!
✎ *siehe 81. Gedanken-Impuls*

Im alten Wissen heißt es: Engel bekommen keine Kinder, weil sie in
der Einheit leben und aus der Einheit heraus arbeiten. ›*Kinder
machen*‹ bedingt die polare Welt.

Auf der ›Bundeslade‹ finden wir zwei Engel (»Cherubim«) mit
Kindergesichtern. Die Gesichter sind *rein*, noch nicht von der <bösen
4> gezeichnet. Sie beschützen mit ihren Flügeln die ›Bundeslade‹.
✎ *siehe mein Buch: „Verschluss-Sache: B I B E L"*

Einweihungsgeschehen:
Im alten Wissen finden wir den ›Altar‹ mit ›vier Ecken‹. An jeder
Ecke steht ein Engel. *Nur* die Engel können ›eine Ecke machen‹.
Ecke meint 1+4 Verbindung aus dem Schöpfungsprinzip 1:4.
Der *Kreis* ist die <nur 4>: vgl. der ›Tanz ums goldene Kalb‹
✎ *siehe mein Buch: „Verschluss-Sache: B I B E L"*

Die Flügel der Engel sind *symbolisch* die ›Ecken‹. Mit den Flügeln
kann der Mensch sich aus der <nur 4> entfernen und zur 1+4
Verbindung aus dem Schöpfungsprinzip 1:4 „fliegen".

Symbolisch hat der Mensch, der die 1+4 Verbindung aus dem
Schöpfungsprinzip 1:4 erreicht hat, ›vier Flügel‹: *Zwei* um nach *Oben*
zu fliegen und *zwei* um zurück nach *Unten*, in unsere Welt, zu
„fliegen". Wie MOSES, der den Berg, das ›HÖCHSTE Bewusstsein‹,
wieder verlassen muss, um zurückzukehren.

Im alten Wissen werden unsere sichtbaren Sterne *symbolisch* als
›Heerscharen der Engel‹ beschrieben: *So zahlreich wie die Sterne am
Himmel.*

Der „Chef" der Engel heißt im Urhebräischen METATRON. Der ›Herr
des Inneren‹ im Menschen. Ihm gehört der Zahlenwert <58> - die für
die Vollendung der 1+4 Verbindung aus dem Schöpfungsprinzip 1:4
steht. ↳ *siehe 72. Gedanken-Impuls und mein Buch „Verschluss-
Sache: B I B E L"*

Symbolisch **aus dem kabbalistischen Wissen:**
Die Engel arbeiten in *allen* vier kabbalistischen Welten.

Der ›Engel des Todes‹ der „linken Seite" bringt dem Menschen das
›Gift‹ - das todbringende Mittel. ›Gift‹ meint die <böse 4> aus dem
Schöpfungsprinzip 1:4.
Der ›Engel des Todes‹ gehört in die Linie des Satans, der ›Dämonen‹,
der »Schedim«. Die ›Gefallenen Engel‹ mussten durch den ›Bruch der
Gefäße‹ entstehen. Sie sind für die <bösen 4>-Botschaften von *Oben*
für diese Welt und deren Umsetzung verantwortlich.

›Schutzengel‹ meint im kabbalistischen Wissen »Zelem« - eines der
sieben Seelengewänder des Menschen.
↳ *siehe 56. und 57. Gedanken-Impuls*

Der »Zelem Elohim« ist die *Umsetzung (›Transporteur‹).*
↳ *siehe mein Buch: „Verschluss-Sache: B I B E L"*

Die Engel bringen dem Menschen die <1> aus dem Schöpfungsprinzip 1:4. Die › Herren der Schwingen‹ (Engel) nehmen das ›Tun
des Menschen‹ auf, und tragen es zu ›Gott‹.

67. Impuls
Die mystische Rose

Was möchte uns eine Rose vom Verborgenen des ›Diesseitigen‹ und ›Jenseitigen‹ erzählen?

Die *mystische Rose* hat **sechs rote** Blütenblätter und **sechs weiße** Blütenblätter. Und ein **13.** Blütenblatt, deren Farbe wir nicht kennen.
Der urhebräische Name der Rose ist »schoschanah«.
Der Begriff steht im Urhebräischen auch für ›ständige Veränderung‹, für das ›Kommen und Gehen‹.

Bitte den bekannten Verstand ablegen und mit dem verborgenen Verstand entkleiden!

Rot ist die Farbe des Lebens hier auf Erden. Die Farbe des „Nordens" auf dem ›Altar‹, der ›Handlungsebene‹.
Rot ist die Farbe des Körpers. Die Farbe der „linken Seite", der <nur 4> aus dem Schöpfungsprinzip 1:4.
↳ *siehe 173. Gedanken-Impuls*

Weiß symbolisiert das ›andere Leben‹.
Weiß ist die Farbe der Seele.
Weiß ist die Farbe der „rechten Seite", der <1> aus dem Schöpfungsprinzip 1:4.
↳ *siehe 175. Gedanken-Impuls*

Im alten Wissen wird die <nur 4> als ›Totsein‹ auf Erden bezeichnet, während die <1> für das Leben auf Erden steht.

Das 13. Blütenblatt ist das ›Verborgene‹ ohne weltliche Farbe. Es ist die 1+4 Verbindung aus dem Schöpfungsprinzip 1:4.

Die mystische Rose hat *fünf* Kelchblätter, das Schöpfungsprinzip 1:4.
Die fünf Kelchblätter haben die Farbe Grün. Der urhebräische Zahlenwert von Grün ist <50> und er-*zählt* vom ›Verborgenen‹.
↳ *siehe 170. Gedanken-Impuls*

Das ›Verborgene‹, die 1+4 Verbindung aus dem Schöpfungsprinzip 1:4, möchte vom Menschen in seinem Garten des Lebens gefunden werden.

Jede Rose in unserer Welt möchte von diesem ›Geheimnis‹ erzählen. Viele verborgene Erkenntnisse bei der heutigen Gartenarbeit!

66. Impuls
Die Psalmen

Wir lesen von 150 Psalmen in der Bibel, Urhebräisch »tehillim«. »Tehilliah«, mit den urhebräischen Zahlenwerten <400–5–30–5> meint ›preisen‹: Zweimal die <5> ist aus Sicht der Urhebräischen kabbalistischer Numerologie kein Zu-Fall!

Die Psalmen beschreiben die Melodie und den Rhythmus des Lebens eines Menschen, wenn er sein Leben als Geschenk sieht und das Ewige, das ›Verborgene‹, darin erkennt. Als Ausdruck des Ewigen.

Die Psalmen sind Mitteilungen aus einer *anderen* Welt für das Leben des Menschen im *7. Tag* der Schöpfung. Sie geben dem Menschen in unserer dualen Welt Empfehlungen für den Weg zur 1+4 Verbindung aus dem Schöpfungsprinzip 1:4.

15 Psalmen von den 150 Psalmen beschreiben die Stufen der Übergänge von einer Einweihungsphase in die nächste:
Es sind die *Psalmen 120 bis 134*, somit 15.

›Einweihungsphasen‹ meint die Stufen auf dem Weg zur 1+4 Verbindung aus dem Schöpfungsprinzip 1:4. ✏ *siehe mein Buch:* **„Verschluss-Sache: B I B E L":** *Die Bewusstseins-Ebenen*

Das ›Heilige des Heiligen‹ auf dem Weg zur 1+4 Verbindung ist die 1+4 Verbindung. ✏ *siehe 115. Gedanken-Impuls*

Den urhebräische Zahlenwert 15 (<10–5>) kennen wir aus den Zahlenwerten des Namens »JHWH«, <10–5–6–5>.
<10–5> meint *Oben* und <6–5> meint *Unten* – Symbolik pur.

Die 15 Psalmen sind der zehnte Teil der 150.
Symbolisch: ›Gott‹ bekommt den zehnten Teil.

Bitte beim Durcharbeiten der Psalmen unbedingt beachten:
Lese nicht, was geschrieben steht – entkleide mit dem verborgenen Verstand!
Bedenke*: Es gibt kein ›FRÜHER oder SPÄTER‹ in der Bibel. Es findet JETZT im Menschen statt.* ↳ *siehe 155. Gedanken-Impuls*

Psalm 120 Vers 1
*Ich rief zum Herrn in meiner **Not**,*
*und er hat mich **erhört**.*

Not: das Fehlen der 1+4 Verbindung.
Erhört: Der Priester im Menschen wird aktiviert.

Psalm 120 Vers 2
*Herr, rette mein Leben vor **Lügnern**,*
*rette es vor **falschen Zungen**.*

Lügnern: Siehe die ›10 Worte Gottes‹: Du sollst nicht falsch Zeugnis reden. Leugnen der 1+4 Verbindung aus dem Schöpfungsprinzip 1:4.
Falschen Zungen: Die Wesen »schedim«, die den Menschen hier auf Erden in die Hölle auf Erden schicken wollen, müssen.

Psalm 120 Vers 3
Was soll er dir tun,
was alles dir angetan,
du falsche Zunge.

Hier wird noch einmal ausdrücklich darauf hingewiesen, wozu »schedim« in unserer Welt in der Lage sind!

65. Impuls

Die Sinnfragen

In der *ersten Phase* auf dem Weg zur 1+4 Verbindung aus dem Schöpfungsprinzip 1:4 sind im alten Wissen *bestimmte Fragen* vom Menschen zu stellen. ✎ *siehe 115. Gedanken-Impuls*

Wer seinen ›inneren Priester‹ durch die <böse 4> „töten" hat lassen, wird diese Fragen niemals stellen.
Im alten Wissen ist unser ›innerer Priester‹ die Instanz *in uns*, die diese Fragen an unseren Verstand trägt.

Jedoch *Vorsicht*, unser Verstand hat ZWEI Möglichkeiten:
- Die rationale, logische Erkenntnis.
- Die 1+4 Verbindung-Erkenntnis mit EIN-Sicht.

✎ *siehe 64., 76., 84. und 124. Gedanken-Impuls*

Die Fragen in der *ersten Phase* des Einweihungsweges:

Warum ist dies so gemacht? Vorsicht, die Logik möchte erklären!
Wozu ist das so? Vorsicht, die Logik möchte erklären!
Wofür ist das gemacht? Vorsicht, die Logik möchte erklären!
Wohin führt das? Vorsicht, die Logik möchte erklären!
Was ist der Sinn dieser Dinge? Vorsicht, die Logik möchte erklären!

Lasst uns auf Spurensuche nach dem ›Verborgenen‹ gehen!
Was möchte uns die Welt, *innerhalb* und *außerhalb* von uns, von ihrer verborgenen, verlorenen Seite erzählen?

In *Allem* wohnt die 1+4 Verbindung aus dem Schöpfungsprinzip 1:4.

64. Impuls
Der Verstand des Menschen

Verstand und Gehirn sind ein Team.
Verstand nicht wie ihn die <böse 4> versteht und beschreibt.
Die <böse 4> machte aus dem ›Verstand‹ menschliche Intelligenz,
Gescheitheit. Der Mensch soll sich zum ›Supermenschen‹ entwickeln.

Im alten Wissen meint ›Verstand‹, hier auf Erden ›Denken können‹.
Verstand und Materie haben im Urhebräischen *zufällig* (?) den
gleichen Zahlenwert.

Unser Verstand auf Erden ist die unterste Auskristallisierung des *oben*
seienden ›Heiligen Geistes‹. ›Wie oben so unten!‹, nur in verdichteter
Form. Oben in Einheit, ›Non-Dualität‹, hier *unten* in der Welt der
Gegensätzlichkeiten (Polarität). ✎ *siehe 98. Gedanken-Impuls und
mein Buch „Verschluss-Sache: B I B E L"*

In unserer *dualen* Welt (im ›Exil‹) ist unser Verstand *zwei*
Möglichkeiten ausgesetzt:

Der Mensch kann...
...seinen Verstand, sein Denken für die <böse 4> zu nutzen,
ODER
...seinen Verstand, sein Denken für die 1+4 Verbindung aus dem
Schöpfungsprinzip 1:4 nutzen.

Beides hat **enorme Konsequenzen**:

Ein Leben in der ›Hölle auf Erden‹, die von den »Schedim« „verwaltet" wird.	*Ein Leben* für die 1+4 Verbindung aus dem Schöpfungsprinzip 1:4.

Jeder einzelne Mensch gestaltet dies selbst und Gott begleitet ihn
durch ›Zufälle und Einfälle‹.

Verstand-en? Ich wünsche EUCH einen *gesunden* Verstand.
✎ *siehe 76., 84. und 124. Gedanken-Impuls*

63. Impuls
Blutverdünnung

Was bedeutet ›Blut‹ im alten Wissen bezogen auf die 1+4 Verbindung
aus dem Schöpfungsprinzip 1:4?

Durch das Blut sind alle Körperteile und Organe miteinander
verbunden. Und durch die Blutgefäße wird das Blut vom Herzen
überall hingebracht.

Das Blut hat Verbindung zur »nefesch« (›Körperseele‹) und die
»nefesch« kennt *nur* den Sinn des Lebens, die ganze Verbindung
gemäß dem Schöpfungsprinzip 4:1.
Alles in seinem Leben soll der Mensch in ›seine 1+4 Verbindung‹ mit
einbeziehen. In *jeder* ›Ecke‹ seines Lebens soll der Mensch die
1+4 Verbindung leben und erleben.
✋ *siehe 74., 75. und 139. Gedanken-Impuls*

Das ›gesunde Blut‹ (die 1+4 Verbindung) braucht keine Mittel zur
Verdünnung als Hinweissignal. Nur das ›Gewöhnliche‹ (so wird im
alten Wissen eine Krankheit bezeichnet), die <böse 4>, braucht eine
Verdünnung. Die <böse 4> (die »Schedim«) verkauft dem Menschen
gerne lebenslang ›Verdünnung‹.

Welch *wunder-vollen* Hinweis der Körper den Menschen schenkt,
wenn der Mensch ihn wahrnehmen kann.

Mögen bitte die „blutverdünnenden" Menschen ihre 1+4 Verbindung
aus dem Schöpfungsprinzip 1:4 in *jedem Moment* ihres Lebens leben
und dadurch ›gesundes Blut‹ *herstellen*.

62. Impuls

Die »Schedim«, die <böse 4>

Der Text stammt aus dem Buch *„Der Weg durch den Tempel"* von *Friedrich Weinreb.*

Der Mensch kann, wie wir gesehen haben, den Weg gehen und es ist Einzige, was der Mensch eigentlich will. Menschen, die sich in ihrem Leben keinen Rat mehr wissen, soll man einfach nur sehen lassen, dass dieser Weg existiert und dass er es ist, wofür der Mensen geschaffen ist. Denn dieser Weg schenkt dem Menschen Freude, Ruhe und Harmonie und ermöglicht ihm, sich als Mensch zu entfalten.

Dann entwickelt sich das Menschliche in ihm ganz von selbst. Viele meinen, sie hätten kein Organ dafür, kapieren nicht. Dann wird erwidert, das wäre gerade so, wie wenn jemand, der sät, zu einem anderen sagt: Bei dir ist das ganze Feld voll Getreide, und bei mir sehe ich nichts herauskommen. Ich hoffe es und wünsche es, ich teile sogar Fußtritte aus, aber es kommt nichts.

Doch im Menschen steckt die Möglichkeit, dass sich das entfaltet, dazu ist er geschaffen. Nicht geschaffen ist er für viele andere Dinge, die er durchaus tut, und womit er glaubt, sich amüsieren zu können. Darum führen diese anderen Wege auch immer in Sackgassen, der eine früher, der andere später.

Wenn du, heißt es, mit jemandem sprichst, und er fragt dich, ob du diesen Weg gehst, dann muss das in dem Fragenden selbst in gewissem Sinn schon bereitliegen.

Es ergibt sich erstens aus der Ruhe, die von einem solchen Menschen ausgeht, aber zum Zweiten vor allem auch aus der rationalen Weisheit, mit der er spricht. Wenn er Dinge sagt, die logisch befremdlich sind, das heißt, dass er das, was er zu erkennen meint, nicht in Worte und Begriffe, in Bilder dieser Welt übersetzen kann, dann ist zu befürchten, heißt es, dass er auf Wegen ist, wo er zwar andere Welten aufsucht, aber den »schedim« wie man sie nennt, in die Hände gefallen ist.

Sie benutzen ihn, weil sie – und das ist für solche ›Geister‹ etwas ganz Normales – den Menschen nötig haben, um sich hier behaupten zu können. Ohne sich an einen Menschen zu heften, können sie sich nicht behaupten.

»schedim«, könnten wir jetzt denken, das ist etwas aus dem Mittelalter, daran glauben wir nicht. Und ich glaube auch, dass man die »schedim« nicht so sehen darf, wie sie häufig dargestellt werden.

Wir müssen versuchen, diesen Begriff in die Vorstellungswelt unserer Zeit zu übertragen.

Eigentlich sind »schedim« auch Wesen, die hier sind, aber nichts Anderes wollen, weil sie reine Entwicklungskraft, nichts als Entwicklungskraft sind, und nur im ›Wasser‹ leben.

Diese Wesen suchen nach Menschen, sogar nach Menschen, die noch geboren werden müssen, die sich noch im Keimzustand befinden, und auch nach Menschen, die schon da sind. Sie versuchen, sich an ihnen festzuheften, denn sie haben das Gefühl: Wenn wir in Massen auftreten, wenn wir viele sind, haben wir Erfolg. »schedim« ist auch, was man die Anziehungskraft der Erde nennt. Darum sind sie »tame«, ›unrein‹, weil sie auf diese Erde herabziehen und schon von Anfang an keine Verbindung mit dem Anderen haben.

Sie können sie auch nicht haben, denn sie sind ausschließlich Entwicklungskraft, manifestieren nur die Kraft, sich vom Ursprung wegzuentwickeln und alles zu tun, um diese Dinge zu erreichen.

Sie wollen als eine Art Naturkraft jeden in Besitz nehmen und damit überrumpeln.

Auf dem Weg zurück wird diese Entwicklungskraft dem einzelnen Menschen und der Welt als Ganzer weggenommen. Sie hat dann keine Existenz auf dieser Erde mehr und kehrt sozusagen in die totale Harmonie der Welten zurück, und ist dann dort, ins Ganze passend, etwas Gutes. Dort ist jener Teil, den man den »er ose pri«, das ›Sich-Enwickelnde‹ nennt. Aber wenn dieser »ez ose pri« allein ist – wo er doch eigentlich Teil des Ganzen, des »ez pri ose prix, ist – wird er zu einer großen Gefahr; und das sind dann die »schedim«.

Sie werden in Erzählungen und Märchen oft als Wesen dargestellt, die in Ruinen hausen und in Sümpfen wohnen.

Wenn wir solche Vorstellungen verabsolutieren, vergessen wir, dass diese »schedim« in erster Linie Wesen wie Menschen sind; äußerlich sind sie vom Menschen nicht zu unterscheiden.

Sie sind eben nicht ekelige und schreckenerregende Wesen – das wäre ein großes Missverständnis und hieße, die Gefahr nicht zu erkennen.

Die »schedim« sind jene Menschen unter all den anderen Menschen, die in sich ausschließlich die Kraft der Entwicklung haben. Wie das kommt, und warum ihr Schicksal sie hier in diese Welt bringt, können wir nur erfahren, wenn wir ihre Herkunft kennen.

In der Zeit, in der ADAM hundertdreißig Jahre lang mit Lilith lebt, kommen aus diesem Zusammensein viele Kinder: das sind die »schedim«, also gewöhnliche Kinder, menschliche Wesen.

Wir müssen uns das gut vorstellen. Es werden da also keine formlosen Gespenster oder Dämonen geboren, sondern genauso liebe, mollige Babys, die sich in nichts von allen anderen unterscheiden.

Wir müssen uns davor hüten, auf Grund unserer sehr starken naturwissenschaftlichen Prägung etwas, das einen anderen Namen trägt, als unmöglich und hier nicht existenzfähig in Gebiete außerhalb unserer Welt zu versetzen oder es als schönes Märchen ohne Realität ad acta zu legen.

Darum lautet die erste Formulierung: Sie entstehen – das ist also ihre Herkunft -, wenn ihre Eltern nur durch die Kraft der Entwicklung, die Ambitionen für diese Welt, für Karriere, Macht, wie man es auch nennen will, betroffen und angezogen werden. Dann werden tatsächlich Wesen geboren, die diese Eigenschaften haben; denn was geboren wird, ist Ausdruck dessen, was gesät wird, und der Erde, worein es gesät wird. Wenn du Weizen säst, kannst du nicht erwarten, dass Schnittbohnen herauskommen. Wenn du Weizen in Erde säst, die Weizen hervorbringen und tragen kann, dann bringt sie auch Weizen hervor; was gesät wird, wird geerntet.

Es ist sehr wichtig, dass Eltern sich in ihrem ganzen Leben auch nach dem Anderen zu richten wissen, dass sie wenigstens wissen, dass es auch das Andere gibt, und dass sie damit rechnen. Wenn sie das nicht tun, und ihr Wesen so ist, dass es nur diese Entwicklungskraft kennt, dann kommen eben diese »schedim«, Menschen, die nur diese Entwicklungskraft und kein Organ für etwas Anderes haben.

Dass wir hier beieinandersitzen, gibt mir immer die beruhigende Gewissheit: Hier sind keine »schedim«, denn die haben nicht den geringsten Begriff für diese Dinge.

»schedim« denken im Allgemeinen: Du bist in diese Welt geworfen, durch Zufall oder ungewollt geboren, und dann musst du eben schauen, wie du weiterkommst. Die Kinder erzieht man dazu, Härte zu zeigen und seinen Vorteil zu wahren. In der Schule holen sie sich auch sofort das, was in diese Richtung geht. Und würde ihnen von dem Anderen auch erzählt werden, so hören sie es einfach nicht, es wird ganz von selbst aussortiert. Sie entwickeln den Hang zum Massenhaften, und sind dann also auch Massenmenschen.

Darum war es ein so gewaltiger Fehler im Denken des Menschen des 18. Jahrhunderts, dass die Demokratie die Welt auf den richtigen Weg bringen würde. Demokratie ist eigentlich die Herrschaft dieser Kräfte, sie kann nichts anderes sein, auch wenn man es sich noch so sehr wünschte. Die Anderen, die hier und da noch dazwischensitzen, kommen einfach nicht zum Zug, ihre Stimme wird nicht gehört. Gerade im 18. Jahrhundert trat das naturwissenschaftliche Denken so stark in den Vordergrund, man glaubte, es auf alles anwenden zu können, auch auf den Menschen, der ein vernünftiges Wesen ist, also das Beste will. Man dachte, wenn man das einfach laufen lässt und jeder auf seine Art das Beste will, ist die Summe dieser Absichten das Bestmögliche, was erreicht werden kann.

Und dabei übersah man völlig, dass gerade Willen und Wunsch des Menschen etwas so Unwägbares sind, etwas so Unfassbares, dass man gerade daraus keine Summe ziehen kann. Es ist etwas, das auf diese Art nicht berechnet werden kann.

Im 18. Jahrhundert fing man an, mathematische Formeln darüber aufzustellen, wie der Mensch denkt und wie der Mensch handelt, um zu zeigen, dass der Mensch, gerade so wie Sauerstoff, Stickstoff oder Eisen den Naturgesetzen genügt. Wir sind so mit diesem Denken verunreinigt, dass wir häufig darauf hören, was man‹ sagt. ›Man‹, das ist diese Masse, das sind diese »schedim«.

»schedim« sind also keine Dämonen, die sich irgendwo außerhalb von uns befinden.

Nur im Wesentlichen ist es so. Wenn du einmal einen Blick in die andere Welt werfen könntest – und das kann man auch, wenn man diesen Weg geht, den ich hier zu beschreiben versuche -, dann siehst du dort tatsächlich Menschen und andere Wesen. Das sind also nicht jene Menschen, die wir sonst noch als Menschen kennen. Dort haben sie ein anderes Aussehen, dort sind sie gar nicht anziehend, dort hast du tatsächlich Angst vor ihnen.

Dort erst wird einem klar, wie furchtbar es war, dass man sich von diesen Wesen in der Realität dieser Welt angezogen fühlte. Aber hier ist es eine Vermischung, und du kannst es fast nicht mehr auseinanderhalten.

»schedim« haben keine Möglichkeit, dieses Wesentliche zu erfassen, sie sind nicht dafür geschaffen. Sie haben manchmal ein besonders tragisches Leben, ein tief zerrissenes Leben. Aber ihre Tragik ist nicht so, wie man sich das vorstellt, indem man sich selbst in so ein Wesen versetzt und denkt: Wie hätte ich gelitten, wenn ich so etwas mitgemacht hätte! So ein Wesen nimmt die Dinge ganz anders auf; man nennt es zwar Leid, aber es wird ganz anders empfunden, verarbeitet, eingeordnet.

Damit will ich nur sagen: Man muss begreifen, dass für das Gehen dieses Weges gleich schon eine Auswahl stattfindet, dass also sehr viele Menschen für diesen Weg gar nicht in Betracht kommen. Die Probe ist schon, ob sie im Stande sind, ins Hier und Jetzt zu übersetzen, was das Andere ist, oder denken und sprechen sie von Gespenstern und Dämonen? Ist, was sie sagen, logisch und kein Unsinn?

61. Impuls
Der Seelenmuskel
Wenn unsere Seele ihren Muskel spielen lässt...

Die exakte wissenschaftliche Bezeichnung lautet ›großer Lendenmuskel‹ (lat. »*musculus psoas major*«).

Der Seelenmuskel liegt tief *versteckt* in der Hüftmuskulatur.
Warum wohl so *verborgen*?

Der Seelenmuskel ist der einzige Muskel, der die **Wirbelsäule** mit den
Beinen verbindet. *Zufall*?

Die menschliche *Wirbelsäule* ist im ›Stab MOSES‹ symbolisiert und
spielt für Bewusstseinsvorgänge eine große Rolle – siehe auch die
darin zu aktivierende Kundalini-Energie (im Yoga).
✎ *siehe 28. und 73. Gedanken-Impuls sowie mein Buch „Verschluss-*
Sache: B I B E L"

Beine bedeuten im 4. Weltbild, die 1+4 Verbindung aus dem
Schöpfungsprinzip 1:4 *gehen*.
✎ *siehe mein Buch: „Tränen der Seele"*

Eine Betrachtung aus dem *4. Weltbild** und aus der ›biblischen
Seelenkunde‹
Es gibt einen Muskel in unserem Körper, der unsere Ängste
beeinflussen kann: den *Seelenmuskel*.

Angst und *Ur-Angst*.
Die ganze Welt der Ängste.
Diese Welt, die <böse 4>, möchte den Menschen beherrschen.
Die Angst vor dem Ausgeliefertsein im ›nur Diesseits‹.
Die Ur-Angst sucht das ›Jenseits‹.
Die Enge (entsteht aus Angst), eingeengt sein in *nur dieser* Welt.
Die Welt der <4> ohne die <1>.
Die Beziehungslosigkeit zur<1> aus dem Schöpfungsprinzip 1:4.

(***4. Weltbild**: Meint das Denken *aus und mit* dem Ursprung, gemäß
dem Prinzip ›Wie oben, so unten!‹)
✎ *siehe mein Buch: „Impulse vom Mystischen Wissen"*
    6. Impuls: Die 4 Weltbilder

60. Impuls
Die Niere, Nieren des Menschen
Eine Betrachtung aus der 4. Welt und aus der ›biblischen Seelenkunde‹

Die Erfahrung und Entwicklung des Menschen.
Das Aufnehmen von und das Verlangen nach ›Dingen‹.
Der Ursprung des *gesamten* menschlichen Handelns.
Die Nieren sind im Menschen ein Fortgehen: Ein ›etwas Neues kommt‹, ein ›Kommen und Gehen‹, ein Weitergehen.

Ein ›Kommen und Gehen‹ auch im Sinne von Leben und Sterben.
Das *Frische,* das *Neue* kommt hinein, um das *Alte* abzutransportieren.
Herz und Nieren hängen zusammen: Es heißt doch ›auf Herz und Nieren prüfen‹.

Angst herrscht vor dem ›Kommen und Gehen‹, jedoch es muss weitergehen.
Seinen Frieden finden mit dem Gehen (Entwicklung).
Die Nieren führen den Menschen zum <Wissen der 1> aus dem Schöpfungsprinzip 1:4.

Die *rechte* Niere:
Hängt mit dem Hören, dem Vernehmen zusammen; die Fähigkeit des Vernehmens der <1> aus dem Schöpfungsprinzip 1:4.

Die *linke* Niere:
Das kausale Denken, das <nur 4-Denken>, ohne die <1>.

Das sanfte Tun, um das Kausale zu erkennen, für das Dabeisein der <1> auf dem Weg der 1+4 Verbindung.

59. Impuls
Das Herz des Menschen
Eine Betrachtung aus der 4. Welt und aus der der ›biblischen Seelenkunde‹

Das Zentrum des Blutkreislaufes.
Das Zentrum der ›Blut-Kommunikation‹.
Der urhebräische Gesamtzahlenwert für das Herz ist <32>.
Die <32> (22 + 10) geheimen Wege: (10 Sefiroth und 22 urhebräische Buchstaben).
Die Zahl <32> ist das ›Göttliche‹ im Menschen.
Das Mitnehmen der <*gesamten* 4> auf dem Weg zur 1+4 Verbindung aus dem Schöpfungsprinzip 1:4.
Das Ganze ist auch der Blutkreislauf - überall im Körper.
Das *Herz*-liche, das ›Offensein‹ des Menschen.
Das *Frische*, das *Neue* kommt hinein, das *Alte* wird abtransportiert.
Das Herz sucht die ›4+1 Beziehung‹, die Beziehung nach *allen* Seiten.
Die Härte des Herzens ist die <nur 4> aus dem Schöpfungsprinzip 1:4.
Das Herz muss ›beschnitten‹ werden: Die Härte muss entfernt werden.
Das Herz hält den Kreislauf in Gang.
Symbolisch: Im Herzen sind die ›32 Wege zur Seele des Menschen‹.
✢ *siehe 74. und 122. Gedanken-Impuls*

58. Impuls
Gedanken zur 1+4 Verbindung aus dem Schöpfungsprinzip 1:4 für das tägliche Leben eines Menschen
Die<nur 4> aus dem Schöpfungsprinzip 1:4 in ihrer unterschiedlichen Betrachtung:

Die <böse 4> aus dem Schöpfungsprinzip 1:4
- Das Reich der Dämonen und »Schedim« in unserer Welt.
- Das EGO des Menschen.
- Der biblische Ort ›Ägypten‹.
- Die Vielheit in unserer Welt.

- Das Töten des Verborgenen im Menschen.
- Die Gefangenschaft, die Knechtschaft, die ›Fesseln an die *nur äußere* Welt‹.
- Die ›Unzucht‹ mit Mensch, Tieren, Pflanzen und Mineralien.
- Das ›Wahrnehmen und Werten‹ der äußeren Welt des Menschen *mit* ›Dualität und Polarität‹.
- Das Heilen des Menschen mit der „nur Schulmedizin".
- Die ›Hölle auf Erden‹.

Die <gute 4> aus dem Schöpfungsprinzip 1:4
- Die Ursprünglichkeit.
- Die *gute* äußere Umhüllung von *ALLEM*.
- Das Menschliche ohne Moral.
- Das ›Wahrnehmen und Werten‹ der äußeren Welt des Menschen *ohne* ›Dualität und Polarität‹.
- Die Einzigartigkeit *jedes Menschen* in unserer Welt.
- Das Sehen der ›göttlichen Ordnung‹ in unserer Welt.
- Die *gesunde* Natur auf unserem Planeten.
- Das Heilen des Menschen mit der *gesunden* Natur.
- Die »schechinah« (göttlicher Funke in *ALLEM*) in dieser Welt aus ihrer Gefangenschaft befreien.
  ✍ *siehe 17. Gedanken-Impuls*
- Das Paradies auf Erden

Die <1> aus dem Schöpfungsprinzip 1:4
- Das Verborgene im Menschen.
- Die Seele, das Selbst.
- Das ›Göttliche‹ im Menschen.
- Der Sinn des Lebens in dieser Welt.
- Das Verborgene als ›*wahre* Liebe‹ zu sich selbst.

Die 4+1 Verbindung aus dem Schöpfungsprinzip 1:4
- Der Weg zur 1+4 Verbindung.
- Der Tempel des Menschen.
- Das »korban«, Urhebräisch, das „sich Näherkommen".

- Das „Mitnehmen" der <guten 4> auf dem Weg zur 1+4 Verbindung.
- Das ›nicht-mit-den-Augen-Sehen‹, auch nicht mit dem Herzen.
- Das *absichtslose* Tun. ✎ *siehe 140. Gedanken-Impuls*
- Der urhebräische Zahlenwert <500>. Auf dem Weg zur <1000>.

Die 1+4 Verbindung aus dem Schöpfungsprinzip 1:4
- Der urhebräische Zahlenwert <1000>.
- Das ›Erreicht-Haben‹ der 1+4 Verbindung.
- Das ›Hören im Schweigen‹.
- Das ›Zurückgehen‹ mit der 1+4 Verbindung in die <nur 4>.
- Das Leben mit der 1+4 Verbindung in *unserer* Welt.

57. Impuls
Die ›Zeitphasen‹ der Seelengewänder

ALLE menschlichen Seelengewänder haben ihre Ursprünglichkeit im Ursprung (»JHWH«).

Die *ERSTE* Auskristallisierung (»Zelem«) des *Ur-Menschen* ADAM KADOM als ADAM in der »Adamah« (Eden, ›Feld der Schöpfung‹).

Die ›obere Seele‹, das ›Höhere Selbst‹, momentan in »jezirah« (3. kabbalistische Welt, die Welt der Formwerdung) seiend...

Die ›obere Seele‹ ist die „eigentliche" Seele des Menschen.
Die ›obere Seele‹ ist unsterblich, im Gegensatz zu den ›unteren Seelen‹.
In der ›oberen Seele‹ liegen durch die Entsendungen früherer ›unterer Seelen‹ in diese Welt „Erfahrungsergebnisse" vor.

Die früheren Erfahrungen wurden durch das ›Karma-Gesetz‹ (*Karma* ist keine Erfahrung des Menschen, sondern ein *Gesetz* über die gemachten Erfahrungen der ›unteren Seelen‹ wertend) entsprechend geprüft. ✎ *siehe mein Buch:* **„Impulse vom Mystischen Wissen"** *129. Impuls: Karma-Einführung*

Die ›obere Seele‹ ist eine *denkende* Seele. Sie weiß, welche nächsten Teilschritte für das Erreichen des Hauptzieles wichtig und erforderlich sind. Und mit welchen Menschen, an welchen Orten, durch welche Umstände die nächsten Teilschritte für die bestmöglichste Erreichung der 1+4 Verbindung aus dem Schöpfungsprinzip 1:4 „gebraucht" werden. Hier wird *nichts* dem ›weltlichen Zufall‹ überlassen.
✎ *siehe meine **Gedanken zur Urhebräischen kabbalistischen Numerologie:** https://www.bernhard-p-wirth.de/numerologie/ wissen-urheb-numerologie/*

Die ›obere Seele‹ kennt nur ein Hauptziel: Die 1+4 Verbindung aus dem Schöpfungsprinzip 1:4 letztendlich mit Teilergebnissen durch die ›unteren Seelen‹ vollenden.
Ab einer bestimmten Ergebnisgröße, erreicht durch die Erledigungen der ›unteren Seelen‹ in der 4. kabbalistischen Welt »assiah« (die ›Welt des Tuns‹, unsere materielle Welt), kann die ›obere Seele‹ aus der 3. Kabbalistischen Welt »jezirah« (die Welt der Formwerdung) heraus „arbeiten". Sie muss dann nicht mehr mit den ›unteren Seelen‹ in die Welt »assiah« mitgehen und sie während des Aufenthalts begleiten.

Die nächste Entsendung einer ›unteren Seele‹, aus der ›oberen Seele‹ stammend, ist angedacht...

56. Impuls
Das »Zelem«
Eines der sieben Seelengewänder des Menschen hier auf Erden.
Als Astralkörper, ›Astralkristall‹, ›Astralleib‹, Hülle, Gewand, Wolke im alten Wissen bezeichnet.

Urhebräisch: Vom Wortstamm »Zel«, Schatten (*Schatten* nicht im Sinne des geläufigen Begriffs ›Schatten‹ gedacht). Meint Abbild, Ähnlichkeitsabbild, Ebenbildähnlichkeit.

Ein *zu formendes* ›Abbild‹ auf allen Bewusstseins-Ebenen [ab der Auskristallisierung des Ursprungs in das Feld der Schöpfung (›Alter Bund‹)] bis in das „kleinste Atom" in unserem Universum.

ALLES ist nach dem ›Ebenbild Gottes‹, des Ursprungs, des »JHWH« erschaffen.

Das »Zelem« beinhaltet auch die Kraft der Umsetzung (»Elohim«) des Abbildes, das ›Form-werden-Lassen‹ des Abbildes auf allen Bewusstseins-Ebenen.

Die Ausdeutungen, das Auskristallisieren eines Abbildes in einer ›Abbild-Ebene‹ von oben bis hinab in unser Materie-Universum. Aus dem Ursprung durch *alle* vier (kabbalistischen) Welten.

Das »Zelem« wird als ›**Eigenschaft der Abbildfunktion**‹ auf *allen* Daseins-Ebenen der Schöpfung und auf *allen* Daseins-Ebenen des Menschen „gebraucht".

Das »Zelem« hat die ›Eigenschaft der Auskristallisierung des Abbildes‹ des Menschen in unserer Welt.

Biblisch betrachtet:
Im Alten Testament (›Alter Bund‹) wird es erstmalig in »GENESIS« Kapitel 1, Vers 26, 27 erwähnt:
„Gott (»JHWH«) sprach: Laßt uns einen Menschen (ADAM, Seele) machen nach unserem »Zelem« (Abbild)."
„Gott (»Elohim«) schuf den Menschen (ADAM, Seele) nach seinem »Zelem« (Abbild)."

Der Mensch als das ›Abbild Gottes‹, unser *himmlisches* Abbild. Das Prinzip ›Wie oben, so unten!‹, die Ähnlichkeit Gottes.

Das himmlische Spiegelbild des Menschen.
Das »Zelem«: Der himmlische „Doppelgänger" des Menschen.

Unser ›Schutzengel‹, im alten Wissen auch Demut (Ähnlichkeitsgestalt) oder Glücksstern* genannt (*Gelingen* hat im Deutschen den Wortstamm ›Glück‹). Auch der Begriff »Archot«, der Herrscher, wird verwandt. Der Herrscher wird mit in unsere Welt gesandt.
›Schutzengel‹ bitte *nicht im herkömmlichen Sinne* verstehen, sondern dass das Abbild (»Zelem«) in unserer Welt beim Menschen „*1 zu 1*" umgesetzt wird. Ohne Fehl und Tadel.

Sowohl das Reich der „Rechten Seite", wie das Reich der „Linken Seite" hat über sich einen »Zelem« (Zur Bedeutung von ›Himmel‹:
✎ *siehe mein Buch: „Verschluss-Sache: B I B E L")*
Beide Seiten, die linke wie die rechte, existieren und „liefern" somit eine Abbildmöglichkeit, die in der jeweiligen Bewusstseins-Ebene auskristallisieren kann, muss.

Es gibt einen *oberen* und *unteren* »Zelem«.
✎ *siehe meinen Online-Video-Kurs: „THE SECRET OF LIFE – Verschluss-Sache: MENSCH"*

Das »Zelem« als Eigenschaft: Der Vermittler zwischen der *höchsten Seelenstufe* und dem *Körper* des Menschen.
Zu Lebzeiten verändert sich bei einem Durchschnittsmenschen der »Zelem« nicht. *Therapeuten mögen bitte hier an ihr „Amt" denken!*

Aus den Zahlen des Geburtstages und aus den Zahlenwerten des Namens eines Menschen lässt sich durch die urhebräische kabbalistische Numerologie das »Zelem« einer ›unteren Seele‹ berechnen.

Jede physische oder psychische Erkrankung eines Menschen ist die Auskristallisierung (»Zelem«) eines bestehenden Abbildes (»Zelem«) des Menschen. Sein Abbild (›untere Seele‹) wird vom Menschen nicht

in direkter Auskristallisierung gelebt und *muss* somit den Umweg über
›Körper oder/und Psyche‹ gehen.

›Heilung‹, das Ganzmachen eines Menschen, meint, sein Abbild
(»Zelem«) hier auf Erden in die Lebendigkeit, ins Leben zu führen.
Jegliche Therapie ohne die Einbeziehung des »Zelem« ist nicht nur
sinnlos für den Menschen, sondern führt den Menschen einen weiteren
Schritt in seine ›individuelle Hölle‹.

55. Impuls
Das Göttliche in mir und dir - Die 2. Inspiration von Lissy
Das Leben ist so wunderbar,
es hat seinen Sinn das ist doch klar.
Wie lang hab ich das nicht begriffen, durch Unwissenheit
hab ich gelitten.
Der Geist hat sich geöffnet, damit hätt ich nie gerechnet.
Erst nach und nach wurde mir klar, was in jener Nacht geschah.
Die Stille und der Friede kam und all die geistige Unruh nahm.
Meiner Seele wuchsen Flügel, mein Geist der war wie glatt gebügelt.
Alles rein und alles klar und plötzlich war die bedingungslose,
göttliche Liebe da.

54. Impuls
Der ›Geist Gottes‹ im ursprünglichen Wissen
Auch ›Heiliger Geist‹ genannt. Urhebräisch: »ruach ha kodesch«.

Im Urhebräischen ist der **Geist** die »ruach«, *Resch-Waw-Cheth*, mit
den Zahlenwerten <200–6–8>,
und **heilig** ist »ha kodesch«, *Heh-Koph-Daleth-Schin*, mit den
Zahlenwerten <5–100–4–300>.

Der Geist, der heilig ist.

Wir lesen zu Beginn der Schöpfungsgeschichte (»GENESIS« 1,1):
„...und der ›Geist Gottes‹ schwebt über den Wassern.“

Die das Mysterium kennen, wissen, dass Wasser der Ausdruck für ›Zeit‹ ist. **Somit schwebt der ›Geist Gottes‹ über** *allen* **Zeiten.**

In der urhebräischen Buchstabenreihe finden wir den ›Heiligen Geist‹ in der »Aleph«, im ersten Zeichen, im ›Stierkopf‹.
Im ursprünglichen Wissen wird das 1. Zeichen, die ›Eins‹, auch ›Nullpunkt‹, ›Nichts‹ genannt.

Erst mit der <2>, mit der »beth« beginnt der „Hausbau“.
Aus und mit dem ›Nullpunkt‹ heraus wird das ›Haus‹ gebaut:
›Gottes Haus‹, seine Schöpfung.

Alles in den vier kabbalistischen Welten **wird mit und durch den** ›Heiligen Geist‹ **erschaffen, bewegt** (»ruach« bedeutet auch *Wind, Bewegung*) und **verwaltet.**

Im ursprünglichen Wissen wird der ›Geist Gottes‹, auch die ›Verborgenheit Gottes‹, als ›königliche Gewänder‹ beschrieben.
Wenn der Mensch zu ›Gott‹, zum König geht, muss der Mensch ›königliche Gewänder‹ tragen.
✣ *siehe das Buch* ***„Die Rolle Esther“*** *von Friedrich Weinreb*

Auf dem Weg durch den Tempel ist es das ›Gedacht-werden‹ des Menschen vom ›Heiligen Geist‹ *außerhalb*, über den ›Wassern‹.
✣ *siehe Hinweise zum Tempel-Buch-Kurs auf meiner Internetseite*
https://www.bernhard-p-wirth.de/verschluss-sache-seele/tempel-buch/

53. Impuls
Der Hals des Menschen - Eine Betrachtung aus der 4. Welt und aus der ›biblischen Seelenkunde‹

Die 1+4 Verbindung: Die *Brücke* von der <4> zur <1>.
Das ›UND‹ aus der 1+4 Verbindung.

Der Übergang von dieser dualen Welt (<4>, Rumpf) in die andere
Welt (<1>, Kopf).
Biegsam für die 1+4 Verbindung aus dem Schöpfungsprinzip 1:4.
Steht in enger Verbindung zum Nacken.

52. Impuls
Der Kopf des Menschen
Eine Betrachtung aus der 4. Welt und aus der ›biblischen Seelenkunde‹

Unser *Haupt*: Die ›Haupt-Sache‹.
Der Kopf ist die <1> vom Schöpfungsprinzip 1:4.
Der Kopf steht *symbolisch* für die Seele des Menschen.
Die <1> von der 1+4 Verbindung aus dem Schöpfungsprinzip 1:4.
Die *obere* Welt, das ›Jenseitige‹.
Der Kopf, die <1> gegenüber der <4>.
Die <4> sind die 4 Glieder des Menschen: 2 Arme, 2 Beine.
Weisheit: Die Hand auf den Kopf legen.
Der Kopf steht *symbolisch* über der *Zwei*-heit, über der dualen Welt.
Die Verbindung zur Ewigkeit.

51. Impuls
Die Weltbilder in der Astrologie
Im alten Wissen lesen wir:
Nicht die Sterne herrschen über die Lebenszeit eines Menschen,
dann wäre es ›Götzendienst‹,
sondern der Mensch muss seine ›Lebenszeit‹ beherrschen.

1. Weltbild
Das logische Denken, das ursächliche Denken, das rationale Denken.
Das Denken mit der horizontalen Zeit.
Die zeitliche, astrologische Berechnung des Lebens eines Menschen.

Was war gestern, was ist heute, was ist morgen im Leben eines Menschen los?
Die ›Welt des Werdens‹ in der Zeit ist hier zuhause.
Das astrologische Rechnen in diesem Weltbild dient den Menschen häufig als ›Schuldverlagerung‹:
„Ich kann nichts dafür, die Sterne sind schuld."

2. Weltbild
Das analoge Denken. Das Prinzip ›Wie oben so unten!‹ und die Welt der Symbolik als Charakter.
Das ›vertikale Denken‹.
Der Charakter der Himmelskörper im Augenblick der Geburt eines Menschen als Symbolik.
Das „Zusammenspiel" der Charaktere der Himmelskörper als ›symbolischer Charakterausdruck‹ eines Menschen (siehe astrologische Radix-Zeichnung)
In diesem Weltbild geht es *ausschließlich* um den Charakter eines Menschen.

3. Weltbild
Das ›verborgene Licht‹ von Welt und Mensch.
Durch das 1. Weltbild *nicht* messbar, *nicht* wahrnehmbar und *nicht* begreifbar.
Was die Welt und den Menschen *im Inneren* zusammenhält:
Licht, Leben, Bewusst-Sein.
Die Planeten und die Aspekte beschreiben *ausschließlich* in diesem Weltbild magisch symbolische Werkzeuge für magische Rituale.
Auch in der ›rituellen Alchemie‹ finden wir die astrologischen Symbole.

4. Weltbild
Das Denken und Handeln *aus* dem Ursprung *mit* dem Schöpfungsprinzip 1:4.
Das Wesentliche. ›Wie im Ursprung, so auf Erden‹.

Die biblische Astrologie des vierten Weltbildes mit dem Mondkalender in biblischer Reihenfolge:

Widder, Lamm - »Aries«
Der ›Urgrund‹, das Unaussprechliche.
Der Grund eines Grundes, der Ursprung.
Die urhebräische »Aleph«, Stierkopf.
Das Erste der vier weiblichen Zeichen.
Die Sehnsucht des Menschen nach seinem ›inneren Zuhause‹.
›Neuer Bund‹ (NT): Lamm, die Erlösung
Die Erlösung aus der Knechtschaft, Ägypten.
Das ›HÖCHSTE Bewusstsein‹.
Die Welt des Schweigens.
Die Erlösungsbotschaft kommt von *hier*, das Unerwartete.
Gefahr: ›1.Weltbild-Denken‹.

Stier - »Taurus«
Die ›Urkraft‹, die Kraft, wodurch die Welt *erscheint*.
Die urhebräische »Beth«, Haus.
Hier beginnt der Schöpfungsbericht der Bibel.
Das Leben im Inneren und im Äußeren des Menschen.
Das Leben des Menschen ist ein *Stierkampf* für die 1+4 Verbindung
aus dem Schöpfungsprinzip 1:4 (siehe 7. Tarot-Karte).
Widder und *Stier* bilden eine Gemeinschaft.

Fische - »Pisces«
Das Leben des Menschen in der Zeit.
Dualität, unsere duale Welt, die Zwei-heit, das ›Rechts und das
Links‹, das Entweder-Oder.
Der Mensch lebt in der dualen Zeit und spürt diese.
Die Sehnsucht des Menschen den Weg der 1+4 Verbindung aus dem
Schöpfungsprinzip 1:4 zu gehen.
Die 1+4 Verbindung *liegt* im Unsichtbaren.

Wassermann - *»Aquarius«*

Das Er-leben des Menschen im *Wasser*, in der dualen Zeit.
Urhebräisch: ›Eimer‹
Das ›Schöpfen des Menschen in der Zeit‹, in der dualen Zeit.
Das ›Schöpfen der 1+4 Verbindung‹ im *Wasser*, in der Zeit.
Der Wassermann ist *biblisch* der Fischer, der den Menschen aus der
nur dualen Welt angelt. Die Jünger JESUS waren allesamt von Beruf
Fischer.
Die Wegnahme von Rationalität und Kausalität.
Das Gefühl der Freiheit.
Fische und *Wassermann* bilden eine Gemeinschaft.

Steinbock, Ziege - *»Capricon«*

Das Ende einer Phase, das Ende der Einheit.
Der urhebräische Zahlenwert <17>:
✋ *siehe mein Buch: „Impulse vom Mystischen Wissen"*
   161. Impuls: Die Zahl 17 in der Bibel
Der Mensch findet sich in der polaren Welt, lebt in der polaren Welt.
Der *Moment* ist in der Zwei-heit entscheidend.
Die ›zwei Seiten im Menschen‹ als Symbolik der *zwei Ziegenböcke*:
   1) Die Sehnsucht nach der 1+4 Verbindung und
   2) die Neigung zur <nur 4>.
Die *Voraussetzung* für eine Neugeburt.
Ein Fruchtzeichen, ein Entwicklungszeichen.

Jungfrau - *»Virgo«*

Das ›Jenseitige‹, das Neue wird geboren.
Die nicht-kausale Geburt, die körperliche Geburt.
Die Befruchtung aus einer anderen Welt, dem ›Jenseitigen‹.
Ohne die Jungfrau ist diese duale Welt sinn-los.
Die Suche nach der 1+4 Verbindung aus dem Schöpfungsprinzip 1:4
wird aus dem ›Jenseitigen‹ *im* Menschen geboren.
Die 1+4 Verbindung *im* Menschen wohnend, sie möchte geboren
werden.

Waage - »Libra«
Der Weg des Menschen durch die Zeit.
Der Weg durch die Wüste nach Ägypten.
Der *Ausgleich* als ›Geduld‹.
Das Zeichen des Weges: die 1+4 Verbindung.
Das ›Machen der 1+4 Verbindung‹ im Leben.
Der Weg zur 1+4 Verbindung aus dem Schöpfungsprinzip 1:4.
Die 1+4 Verbindung *liegt* im Unsichtbaren.

Skorpion - »Scorpio«
Hier ist ›ein Doppeltes‹ Zuhause:
Das Kennenlernen der beiden Seiten.
Die <böse 4> und die 1+4 Verbindung.
Das Wissen um die <böse 4>.
Der Kampf mit der <bösen 4>.
Der Kampf für die 1+4 Verbindung aus dem Schöpfungsprinzip 1:4.
Das *andere* Kennenlernen von Welt und Mensch.
Jungfrau, Waage und *Skorpion* bilden eine Gemeinschaft und dürfen nicht getrennt werden.

Schütze - »Sagittarius«
Das ›Schießen des Samens‹ damit *Frucht* entsteht (*1+4 Verbindung*).
Der Samen wird für die Erneuerung gebraucht.
Ein Fruchtzeichen, ein Entwicklungszeichen.
Der Same hofft, dass die *Frucht* (*1+4 Verbindung*) kommt.
Das neunte Zeichen.
Die starke Sehnsucht des Menschen nach Frucht, nach Resultaten durch sein Tun.
Die Handlungsmöglichkeit für die 1+4 Verbindung des Menschen wird gezeugt.

Zwilling - »Gemini«
Der Zwillings-Charakter.
Die *zwei Möglichkeiten* zum Handeln des Menschen.
  1) Das Handeln für die 1+4 Verbindung aus dem
     Schöpfungsprinzip 1:4 (das *Verborgene*) und

2) das Handeln für die <böse 4> (das *Sichtbare*).
Das Zurücklassen der Vergangenheit, um das Neue kommen zu lassen.

Krebs - »Cancer«

Das Greifen nach dem ›Baum des Lebens‹ (*1+4 Verbindung*) in der dualen Welt.
Das Wachsen in der 1+4 Verbindung aus dem Schöpfungsprinzip 1:4.
Durch die Liebe wird die duale Welt überwunden.
Mit der ›**3.Wahrnehmungsposition**‹ wird die duale Welt ausbalanciert. ✎ *siehe 39. Gedanken-Impuls*
Das ›Gehen des Menschen‹ in seinem Leben zur 1+4 Verbindung aus dem Schöpfungsprinzip 1:4.

Löwe - »Leo«

Der ›König‹ über die reiche <4> (die *ursprüngliche* Welt) und über die 1+4 Verbindung aus dem Schöpfungsprinzip 1:4.
Nicht der König über die <böse 4>.
Im ›Zentrum des Lebens‹ eines Menschen geht es darum, die <4> mit der <1> aus dem Schöpfungsprinzip 1:4 zu verbinden.
Der Löwe, eines der *vier Wesen* am ›Thron Gottes‹.

Das dreizehnte, unbekannte Tierkreiszeichen, der dreizehnte Monat, die Tage zwischen den Jahren

Die <13> ist das unsichtbar Verborgene. Das 13. Tierkreiszeichen zeigt sich nicht im Äußeren.

Eine Analogie zu den Einweihungswegen bei der Betrachtung der biblischen Astrologie aus dem vierten Weltbild ist zu erkennen.

✎ *siehe 115. Gedanken-Impuls und mein Buch „**Impulse vom Mystischen Wissen**"*
6. Impuls: Die 4 Weltbilder und 182. Impuls: Die Astrologie zur Sonnenwende

50. Impuls
Momente im Leben eines Menschen

Im Leben einzelner Menschen gibt es Momente, in denen sie spüren, wie *plötzlich* alles, was ihnen *sicher schien*, zu schwanken beginnt, ihre Erkenntnisfähigkeit wie gelähmt ist, und auch die Lockrufe ihrer Leidenschaften, Gefühle und all dessen, was ihr Leben sonst noch antreibt und bewegt, verstummen.

Auf seinen eigenen Wesensmittelpunkt zurückgeführt, steigt dann vor dem Menschen ganz nackt das Problem aller Probleme, nämlich die Frage auf: *Wer bin ich?*

Fast immer wird dann auch klar und deutlich, dass *alles*, und zwar nicht nur das, was man im täglichen Leben, sondern auch das, was man im kulturellen Bereich *tut*, schlussendlich *nur* dazu dient, sich zu zer-streuen und sich den Anschein und Vorwand eines ›Zieles‹ zu schaffen, um ja *irgendetwas* zu haben, was einem gestattet, nicht *tief* nachdenken zu müssen. Und was auch einen genügend großen Schleier schafft, um *vor sich selbst* das zentrale ›innere Dunkel‹ zu verbergen und der existentiellen Angst zu entkommen.

In einigen Fällen *kann* eine solche Krise einen katastrophalen Ausgang nehmen.
In anderen reagieren die Menschen, „rütteln an sich". Die ›Macht einer tierischen Kraft‹, die nicht sterben will, behauptet sich aufs Neue, verwischt *alles*, was in solchen Erfahrungen *aufleuchtete*, und macht glauben, dass es sich *nur* um einen Alptraum gehandelt habe, um einen Augenblick, getrübt von Gehirnfieber und nervösem Schwindel. Und so macht man sich daran, ein neues Kompromiss-gebilde zu schaffen, um zur ›Wirklichkeit‹ zurückzukehren.

Dann gibt es den Menschen, der abspringt.
Das existentielle Problem, das er verspürt hat, wird für ihn, der unfähig ist, es in seiner Gesamtheit zu erfassen, zum *bloßen* ›philosophischen Problem‹, und das Spiel beginnt von neuem.

Eine *neue* ›Wahrheit‹ und ein *neues* ›System‹ werden geboren, man täuscht Licht im Dunkel vor, und da man weitermachen *will*, gibt man diesem Wunsche *neue* Köder zum Fraße.

Oder eine andere gleichwertige Lösung: *Man* liefert sich passiv traditionalistischen Strukturen, dogmatischen Formen und stereotypen Autoritäten aus, die, eines lebenden Inhaltes entleert, sich als blasse dogmatische und Hingebung verlangende Gebilde darbieten.

Andere jedoch bleiben fest.
Etwas Neues und Unwiderrufliches ist in ihr Leben eingetreten.
Sie wollen den Kreis, der sich fest um sie geschlossen hat, aufbrechen.
Sie lösen sich von Glaubensrichtungen,
sie lösen sich von Hoffnungen.
Sie wollen die Nebel lüften und sich einen Weg bahnen.
Die Erkenntnis von sich und an sich, des gewaltigen Seins
– das ist es, was sie suchen.
Ein Zurückkehren gibt es für sie nicht mehr.

49. Impuls
Die Weltseele und der Weltkörper
Die Gemeinschaft *aller* Menschen auf Erden bilden zusammen **eine** Weltseele eingekleidet in **einen** Weltkörper.

Auch die Weltseele kann erkranken!
Nur für uns aus der Sicht der Individualseele ist die Weltseele geteilt, in Wirklichkeit nicht.

Wie beim Menschen, hat auch die Weltseele ihren ***ursprünglichen Sinn***, nämlich darin, die <1> mit der <4> aus dem Schöpfungsprinzip 1:4 zu verbinden. ›*Wie im Einzelnen so im Ganzen!*‹

Das „Kleid" der Weltseele ist unsere stoffliche Welt.

Unser **Weltkörper** ist aufgeteilt in *Gebiete, Länder* und *Kontinente,*
wie unser menschlicher Körper in *Körperteile, Organe* und *Zellen.*

Jedes Land, *jeder* Kontinent ist somit ein Teil des Weltkörpers und
hat *bestimmte* **Aufgaben und gewollte Schöpfungsakte zu**
bestimmten **Zeiten.**

Die Entwicklung der Weltseele mit ihren Teilschritten dient dem
Ziele: ›Harmonisierung der Weltseele‹ und ›Erhöhung der Weltseele‹.

›Schöpfungsakt‹ meint hier: **Auskristallisierungsereignisse** in
unserem Universum. Diese Ereignisse entspringen einer ›höheren
Ordnung‹ und sind dem *ursprünglichen* Sinn von Welt und Mensch
unterstellt.

Zu *bestimmten* Zeiten, in Zeitenrhythmen, auf *bestimmten* Gebieten
unserer Erde findet diese Auskristallisierung ihren Niederschlag.
Denken Sie hierbei an Hochkulturen, denen ein Aufstieg und ein
Abstieg innewohnte.

Ein Gebiet, ein Land war ausreichend für die *punktuelle*
Auskristallisierung eines Schöpfungsaktes zu einer bestimmten Zeit,
denn das ›Prinzip der Ansteckung‹ „verstreute" den Inhalt des
Schöpfungsaktes auf unserem Planeten.

Jede Entwicklung und Veränderung in unserem Universum wird durch
das ›**Ur-Licht‹**, das Schöpfungslicht, aus dem Ursprung erschaffen.
✍ *siehe 17. Gedanken-Impuls*
Dieses ›Ur-Licht‹ beinhaltet den *ursprünglichen* Sinn von Welt und
Mensch, das Schöpfungsprinzip 1:4. *Eigentlich.*

Auch das ›Ur-Licht‹ unterliegt der Gefahr der „Dunklen Seite":
Es kann durch die Menschen zweckentfremdet werden und für *Un-*
Sinn in der Welt genutzt werden. Dadurch geht der Sinn des
Ursprungs verloren, der darin besteht, das Schöpfungsprinzip 1:4 auf
Erden zu leben.

Somit kann auch die Weltseele erkranken und kann in ihrem äußeren Weltkörper eine *Krankheit* z.B. Krebs bekommen.

Denken Sie hier an die Eigenschaften einer Krebszelle! Ihr Verhalten hat den Charakter der Hybris, des Egos, des Selbsterlösungswahns und der Selbstzerstörung. Vielleicht kennen Sie zur Stunde Länder oder Gebiete auf unserem Planeten, die an Krebs erkrankt sind?

Die Weltseele mit all ihren Individualseelen *kann geheilt* werden.

Das **Ziel der Heilung** ist dieselbe wie beim menschlichen Körper und seiner Seele: **Wiederherstellung des ursprünglichen Sinns von Welt und Mensch!**

Ein Organ, ein Körperteil (Land, Gebiet) ist *erkrankt*, ist nicht mehr in Harmonie (gemäß dem Prinzip 1:4), und wird geheilt, damit der Sinn von Welt und Menschen wieder hergestellt ist.

Die Heilung der Weltseele kann auf zwei Arten geschehen:

Von Oben: Es wird *im wahrsten Sinne* des Wortes, von Oben eingegriffen, um die Weltseele zu heilen.

Von Unten: ›Im Auftrag von Oben‹ - dieser Heilungsweg setzt tiefe Kenntnisse aus dem Wissen um die Magie und der Alchemie voraus.

Vielleicht oder auch gewiss erleben wir seit dem Jahre 2020 auf unserem Planeten einen Heilungsprozess der Weltseele?

48. Impuls

Das Feigenblatt

Das <nur 4>-Wahrnehmen und Denken, ohne die 1+4 Anbindung:

Zu denken:

Es handelt sich um das Verbergen der Geschlechtsteile in der Bibel.

Es geht um das Schamgefühl von Mann und Frau.

Es geht um eine schamhafte Verhüllung von Mann und Frau.

Das Wissen von der Ursprünglichkeit in unserer Welt für die 1+4 Verbindung aus dem Schöpfungsprinzip 1:4:
Das Feigenblatt in der Paradiesgeschichte bedeutet im alten Wissen *symbolisch* der <bösen 4> oder <nur 4> etwas entgegenzusetzen.

Diese Eigenschaft und Fähigkeit, ›etwas entgegen zu setzen‹, hat *jeder Mensch*, *nicht* »Schedim«, *in* sich.

…aus meinem Buch: *„Verschluss-Sache: B I B E L"*:
»GENESIS« Kapitel 3, Vers 7
Und es wurden aufgetan die Augen Beider, und sie erkannten, daß sie nackt waren, und sie hefteten zusammen Feigenlaub, und machten sich Schürzen.

aufgetan: öffnete sich
Augen: Erkenntnisfähigkeit, sinnliche Wahrnehmung, erkennen
Beider: der Geisthülle EVA und der Seele ADAM
erkannten: für die Wahrnehmung
nackt: Erkenntnisfähigkeit für die Wahrnehmung von Gegensätzlichkeit
hefteten zusammen: gemeinsam
Feigenlaub: nicht mehr im freien Fall, etwas entgegensetzen
machten: aktiv werden
Schürzen: nicht im freien Fall, sondern die Seele und die Geisthülle setzen etwas dagegen

Hier steht geschrieben:
Nun öffnete sich die Erkenntnisfähigkeit, die Wahrnehmung für die Geisthülle <u>und</u> für die Seele, und beide nahmen die Gegensätzlichkeit wahr. Und die Seele und die Geisthülle erkannten, dass sie ihren bisherigen Zustand von Einheit verloren haben. Sie sind nun in der Wahrnehmung der Unterscheidbarkeit. Seele und Geisthülle setzten dem freien Fall etwas entgegen. (*Feigenlaub*).

47. Impulse

Baum

Das <nur 4>-Wahrnehmen und Denken, ohne die 1+4 Anbindung:
Wie hoch ist der Baum?
Welchen Durchmesser hat der Baum?
Wieviel Kapital wird er einbringen, wenn ich ihn verkaufe?
Wie lang ist die Brenndauer des Holzes dieses Baumes?

Das Wissen von der Ursprünglichkeit in unserer Welt für die 1+4 Verbindung aus dem Schöpfungsprinzip 1:4:
Der ›**Baum des Lebens**‹, Urhebräisch »ez hachajim«,
mit den Zahlenwerten <70–90   5–8–10–10–40>,
steht *symbolisch* im Garten von Eden.
Es ist der Baum, der ›**Frucht ist und Frucht macht**‹,
Urhebräisch »ez pri ose pri«. *Für den bekannten Verstand ist das ein Widerspruch, in unserer Welt unmöglich!*

Der ›**Baum der Erkenntnis des Guten und Bösen**‹, urhebräisch »ez haddaat«, auch ›Baum des Todes‹ genannt.
Es ist der Baum, der *Frucht macht*. Er verkörpert das Prinzip von Wachstum und Entwicklung, das mit der Zeit in Vielheit mündet. ›Frucht machen‹ ist die <nur 4> aus dem Schöpfungsprinzip 1:4.

Es gibt Bäume, die zum Himmel wachsen, und es gibt Bäume, die zur Erde wachsen (wie die *Trauerweide* – sie er-*zählt* uns von der Möglichkeit der ›Nicht-Anbindung‹ an die 1+4 Verbindung).

Jeder Baum kann uns von der Möglichkeit der 1+4 Verbindung aus dem Schöpfungsprinzip 1:4 er-*zählen*.

Die Struktur sehen wir bei den rein männlichen und rein weiblichen Bäumen. *Denken Sie an die Apfelbäume. Getrennt nach ihren Geschlechtsmerkmalen.*
Das ›Prinzip Mann‹ und das ›Prinzip Frau‹ stehen sich gegenüber.

46. Impuls

Die Wolke

Das \<nur 4\>-Wahrnehmen und Denken, ohne die 1+4 Anbindung:
Sind heute Wolken am Himmel, ist es bewölkt?
Welche Wolkenarten gibt es?
Wie entstehen Wolken?
Wie baut sich eine Gewitterwolke auf?

Das Wissen von der Ursprünglichkeit in unserer Welt für die 1+4 Verbindung aus dem Schöpfungsprinzip 1:4:
Die *Grenze* zwischen der Sichtbarkeit und der Unsichtbarkeit,
der *Übergang* vom Nicht-Materiellen \<1\> zum Materiellen \<4\>,
die *Verbindung* von Oben nach Unten, von Innen nach Außen,
auf der Körperebene: die *Verbindung* als Hals und Nacken.

Die dunkle, schwarze Wolke:
 Die ›Möglichkeit der Finsternis‹, in der \<nur 4\> zu leben.
Die weiße Wolke: Das Leben des Schöpfungsprinzips 1:4.
Die rötliche Wolke: Im alten Wissen bedeutet die Farbe ›Rot‹ unsere
körperliche Erscheinung hier auf Erden.
✎ *siehe 145. und 173. Gedanken-Impuls*

45. Impuls

Das Haus

Das \<nur 4\>-Wahrnehmen und Denken, ohne die 1+4 Anbindung:
Was kostet das Haus zur Stunde?
Wieviel Wohnfläche hat das Haus?
Mit welchem Material ist das Haus gebaut?
Wie viele Zimmer hat das Haus?
Wie viele Stockwerke hat das Haus?

Das Wissen von der Ursprünglichkeit in unserer Welt für die 1+4 Verbindung aus dem Schöpfungsprinzip 1:4:
Warum sucht der Mensch nach einem Zuhause?
Weshalb sehnt sich der Mensch nach häuslicher Geborgenheit?
Wohnt im *Inneren* des Menschen analog auch ein *Zu-haus*-e?
Was erzählt das ursprüngliche Wissen von der Struktur und dem Zahlenwert ›Haus‹?

Der **Zahlenwert <2>** im Urhebräischen ist als Hieroglyphe ein Haus:
ב - »**beth**«.

Die »beth« ist die 2 in der Schöpfung, im Bauplan der Welt.
Denken Sie hier auch an Bethlehem: »beth« ist Haus, »lehem« ist Brot, also ›Haus des Brotes‹!

Auch Brot hat im alten Wissen eine besondere *symbolische* Bedeutung (siehe Abendmahl: ›Brot und Wein‹).

Von der **Wichtigkeit eines Hauses** wird bereits *im Anfang* der Schöpfungsgeschichte erzählt. Der Bauplan von Welt und Mensch sieht zu Beginn selbstredend ein Haus (›*Die vier Welten‹*) vor, in dem alles weitere Geschehen ablaufen kann.
↳ *siehe mein Buch: „**Impulse vom Mystischen Wissen**"*
  173. Impuls: Die vier Welten

In unserer materiellen Welt *braucht* die Seele des Menschen ein *äußeres* Haus, ein Zuhause, das bewohnbar ist - einen physischen Körper.

Unser Körper ist die ›Wohnung unserer Seele‹.

Der Mensch besitzt nicht nur ein *äußeres* Zuhause, wie seinen Körper, seine Umhüllung, unsere Welt, sondern auch ein ›*inneres* Zuhause‹, seine ›untere Seele‹, die wiederum ein Teil eines *größeren* Zuhauses ›Höheres Selbst‹ ist. ↳ *siehe 57. Gedanken-Impuls*

44. Impuls
Der Zahlenwert <10> aus der
Urhebräischen kabbalistischen Numerologie

Das Rad des Schicksals im Tarot, die 10. Tarot-Karte.
Rückwärts gelesen: ›*Tora*‹ (welch Geheimnis), das ›Wort-Wissen‹…
Im Kreis des Rades lesen wir das Wort ›Tora‹.

Du besitzt den Zahlenwert <10> als seelische Lebensaufgabe?
Die *Nabe* des Rades ist die ›Wohnstätte des seelischen Menschen‹.
Die *Nabe* ist der Ort nach der <3>. Sie ist bewegungslos. *Dein* Ort.

Die Speichen drehen sich 365 Tage im Jahr,
Du *musst* ›in den Speichen‹ wirken, sonst wäre es Weltflucht.
✥ *siehe mein Buch:* „**Impulse vom Mystischen Wissen**"
   34. Impuls: Unterwegs sein…

Die Speichen drehen sich nach **links** und **rechts**.
Und Du sitzt auf der Nabe.
Links herum: Das zerstörende Prinzip (die <böse 4>), siehe
TYPHON[1], das schwarze Licht.
Rechts herum: Das aufbauende Prinzip (die 1+4 Verbindung), siehe
ANUBIS[2], das weiße Licht.

Jedoch *musst* du in *dieser* Welt die ›Nabe‹ immer wieder verlassen,
dies ist das Leben. In welche Drehung gehst Du mit Deinem
seelischen Zahlenwert <10>?

Dreh Dein Rad, damit Du reif zur ›Stille für die 1+4 Verbindung‹
wirst, was der Zahlenwert <10> von deiner „unteren Seele" erwartet…

Worterklärungen:
[1] Flammenspeiender Riese in der griech. Mythologie, der Zeus schwer
verwundete. Verkörpert das zerstörerische Prinzip.
[2] Ägyptischer Totengott in der Gestalt eines Schakals, der beim
Totengericht. Verkörpert das aufbauende Prinzip.

43. Impuls
Die Sonnenblume
Das <nur 4>-Wahrnehmen und Denken, ohne die 1+4 Anbindung:
Welche Größe hat die Sonnenblume?

Wie häufig muss die Sonnenblume gegossen werden?

Nur die Schönheit der Sonnenblume.

Wie viele Kerne erhalte ich aus einer Sonnenblume?

Das Wissen von der Ursprünglichkeit in unserer Welt für die 1+4 Verbindung aus dem Schöpfungsprinzip 1:4:

Die Sonne als Symbol:

Die Sonne, dem ersten Tag der Schöpfung zugeordnet. Die erste Erschaffung, die erste ›Ausgießung aus dem Ursprung‹ in das Feld der Schöpfung bringt *Licht*, *Leben* und *Bewusstsein* in Einheit hervor.

Die Sonne ist im Wochenlauf unser *Sonn*-tag.

Der Erste der sieben Schöpfungstage.

Die Blume als Symbol:

Blumen sind im alten Wissen die ›Könige‹/›Königinnen‹ des Pflanzenreiches auf unserem Planeten.

Die verschiedenen Blumenarten möchten uns von der jeweiligen Stufe des Königsweges er-*zählen*. ›Königsweg‹ meint Einweihungsstufen.

Die Sonnenblume möchte uns von der höchsten Einweihungsstufe er-*zählen*. Aus dem Garten von Eden.

Die ›Blume des Lebens‹ als Amulett.

Die Farbe Gelb als Symbol:

Die Farbe Gelb entspricht im alten Wissen der Farbe Gold. Gold als Metall ist dem ersten Schöpfungstag zugeordnet.

Die Farbe des „Ostens". Im Osten geht die Sonne auf.

Die Farbe der Vergangenheit. Blau ist die Farbe der Zukunft.

Gelb und Blau zusammen ergeben Grün. Grün ist die Farbe der Harmonie, des Achten Tages, im alten Wissen.

Grün sind der Stiel und die Blätter der Sonnenblume.

✤ *siehe 170. bis 172. Gedanken-Impuls*

Die Kerne als Symbol:

Der Kern als Samen, als Entwicklungskraft.
Wofür benutzt der Mensch die Entwicklungskraft, die *in ihm* wohnt?
Um die <böse 4> weiter voran zu treiben?
Oder für die 1+4 Verbindung aus dem Schöpfungsprinzip 1:4?

Noch ein Einblick in die Mystik:

Die Sonnenblume ist unser ›pflanzliches Abbild‹ aus dem Garten in
Eden. Damit wir durch die Ansehung dieses Gewächses ›Gottes
Segen‹ erhalten.
Segen meint ›Überleitungskräfte zur 1+4 Verbindung.‹

42. Impuls

Biblische Orte als Stufen für die 1+4 Verbindung
»Mizrajim«., Ägypten

Die Auseinandersetzung des Menschen mit der *materiellen
Körperlichkeit* und den damit einhergehenden Bedürfnissen.
Unsere stoffliche Raum- und Zeit-Welt mit ihrer Polarität.

Tiefebene »Ssidim«

Die Auseinandersetzung des Menschen mit dem *Energiekörper*.
Die ›Vital-Energetische-Ebene‹ des Menschen.
Der Ort der ›Körperseele‹ (»nefesch«) des Menschen.

›Sodom‹

Die Auseinandersetzung mit der *Mental-Ebene*.
Die Ebene der *Gedanken*, *Vorstellungen* und *Gefühle*.
Die Herrscher in ›Sodom‹ sind unsere heutigen Wissenschaften, die
Logik.
Die Möglichkeit der Scheinwelten.

›Kanaan‹

Bewusstseins-Zustand im Garten von Eden (Paradies):

Reiner Geist und Seele.

Erste Geist-Ebene, in ›Non-Dualität‹, in den Bewusstseins-Ebenen.

Erfahrung von Unbegrenztheit in Glückseligkeit.

»Morijah«

Das ›EINE Bewusstsein‹.

Bewusstsein von Einheit.

Die Eins-Werdung mit dem ›EINEN, *allumfassenden* Bewusstsein‹,
ohne jegliche Unterscheidbarkeit.

Entspricht dem ›Seins-Zustand in Eden‹.

Die Quelle, der Ursprung

Das ›HÖCHSTE Bewusstsein‹.

Die »JHWH«-Ebene.

Das SEIN.

Das Ewige.

Bei den biblischen Orten bitte auch analog

– an den ›Baum des Lebens‹ im Garten von Eden,

– an die ›Taube mit dem Zweig‹ bei der Legende von NOAH,

– an den ›Stab Moses‹,

– an die menschliche Wirbelsäule,

– an das menschliche Nervensystem,

– an das Kreuz JESU,

denken…

✎ *siehe mein Buch: „Verschluss-Sache: B I B E L"*

41. Impuls

Schiffe

Schiffe können heute die Weltmeere befahren.

Durch Schiffe ist es möglich, übers Wasser zu gleiten,

und sie bieten dem Menschen Schutz vor dem Ertrinken im Wasser.

Das \<nur 4\>-Wahrnehmen und Denken, ohne die 1+4 Anbindung:
Welche Größe hat dieses Schiff?
Wie viele Passagiere kann das Schiff mitnehmen?
Wieviel „Energie" braucht das Schiff?
Wie viele Knoten kann dieses Schiff fahren?

Das Wissen von der Ursprünglichkeit in unserer Welt für die 1+4 Verbindung aus dem Schöpfungsprinzip 1:4:
In den ursprünglichen Texten der Überlieferung lesen wir die
Geschichte um NOAH (NOACH) und seiner Arche »teba«.

Von NOAH wird im ›Wort-Wissen‹ er-*zählt*, er sei ein aufrichtiger, tadelloser Mensch, er hatte die 1+4 Verbindung (*bitte das Wort ›Mensch‹ nicht kausal verstehen*), deshalb wandelte auch ›Gott‹, das ›HÖCHSTE Bewusstsein‹, mit ihm.

Die ›**Eigenschaft NOAH**‹ *im* Menschen hat das Schöpfungsprinzip 1:4 verwirklicht.

Menschen, *nicht* »Schedim«, besitzen somit *in sich* das Wissen um die 1+4 Verbindung und die Eigenschaft in sich, die 1+4 Verbindung herstellen zu können.

Das **urhebräische Wort »teba« (Arche)** wird übersetzt mit dem Begriff ›Wort-Wissen‹ - das Wissen von dem ›Wort Gottes‹.
Das Wissen vom ursprünglichen Sinn des Lebens hier auf Erden.

›**Wasser**‹ bedeutet im alten Wissen unsere zeiträumliche Welt. Unser Leben in der Zeit *hier* auf Erden.

Mit dem ›Wort-Wissen‹ kann der Mensch in der Zeit nicht untergehen: Der Mensch findet *im Wort* das Wissen um das Schöpfungsprinzip 1:4 auf Erden, um es zu verwirklichen und damit dem Leben seinen ursprünglichen Sinn geben.

40. Impuls

Salz

Das <nur 4>-Wahrnehmen und Denken, ohne die 1+4 Anbindung:

Das Essen ist versalzen…

Meinem Essen fehlt Salz…

Haben wir noch genügend Salz zuhause?

Es ist, wie das Salz in der Suppe…

Das Wissen von der Ursprünglichkeit in unserer Welt für die 1+4 Verbindung aus dem Schöpfungsprinzip 1:4:

„Ihr seid das Salz der Erde." – ›Neuer Bund‹ (NT), Matthäus 5.13

Das Salz gibt dem Essen einen Geschmack.

Salz besitzt im alten Wissen einen *doppelten Charakter*.

Salz symbolisiert **Leben** (für den Geschmack der Speise) und den **Tod** (Salzsäure) im Hier und Jetzt.

›**Speise**‹ meint im alten Wissen Lebensinhalte:

Was esse ich von der Außenwelt in meinem Leben?

Esse ich 1+4 Verbindung, *ODER* esse ich die <böse 4> (Salzsäure) in meinem Leben?

Salz er-*zählt* uns aus dem Verborgenen, dass unser Leben einen doppelten Charakter besitzt:

Der Mensch hat *zwingend* zwei Möglichkeiten für diese Welt „mitbekommen". Er kann…

…sein Dasein mit der 1+4 Verbindung aus dem Schöpfungsprinzip 1:4 leben, *ODER* in Knechtschaft der <bösen 4> (Salzsäure).

Im alten Wissen wird das ›Salzsäure-Leben‹ *symbolisch* als *Tod* bezeichnet.

„Sal" meint ›Heil‹, siehe ›Schick-sal‹…

39. Impuls
Die 3. Position
Die dritte Position für die Wahrnehmung und das Denken des Menschen auf dem Weg zu seiner 1+4 Verbindung.
Lese nicht, was geschrieben steht – entkleide!

Als ›Gott‹ aus dem Ursprung Sonne und Mond erschaffen hat, entstand daraus eine *Polarität*: Sonne und Mond.

Alles, was ein Mensch durch seine fünf Sinne wahrnimmt, unterliegt dem ›Prinzip der Polarität‹. ALLES – ohne Ausnahme.
Alles besitzt seinen Gegenpol. Ohne seinen Gegenpol kann nichts in unserem Universum existieren. ✎ *siehe 98. Gedanken-Impuls*

Als Gott Sonne und Mond erschaffen hatte, fragte der Mond:
„ Wir sind zu zweit, wer ist denn nun der König von uns beiden?"
Gott antwortete dem Mond: *„Ich bin der König, das ›Dritte‹."*
Nicht die gegebene Polarität ist der König, sondern das ›Dritte‹.

Je mehr sich ein Mensch in der „nur Polarität" verliert, die *immer* existiert, umso weniger wird er den Weg der 1+4 Verbindung gehen können. Wenn ein Mensch *sehr tief* in der „nur Polarität" steckt, ist die Gefahr eine *sehr große*, dadurch in die ›Gefangenschaft‹ der »Schedim« zu geraten.

- Die ›**dritte Position**‹ schützt den Menschen vor zu großer Ausdehnung der Gegensätzlichkeiten in seinem Leben.
- Die ›**dritte Position**‹ unterstützt den Menschen bei der *Ausbalancierung* der *immer* vorhandenen Polarität.
  Jede Krankheit und *jedes* Schicksal möchte dem Menschen sein ›Nicht-Ausbalanciert-Sein‹ mitteilen.
- Die ›**dritte Position**‹ ist die *zwingende* Voraussetzung für den Weg eines Menschen zu seiner 1+4 Verbindung aus dem Schöpfungsprinzip 1:4.

Hierbei geht es *nicht* um Weltflucht, sondern darum, die Polarität, wie auch immer, an den ›rechten Ort‹ zu stellen.

Wir leben in einer „spannenden" Welt…

38. Impuls
Die Tomate

Das <nur 4>-Wahrnehmen und Denken, ohne die 1+4 Anbindung:

Wie lange dauert die Reifezeit einer Tomate?

Wird mir diese Tomatensorte munden?

Wie häufig muss ich die Tomatenpflanze gießen?

Mit welchen anderen Lebensmitteln kann ich die Tomate essen?

Welche Größe misst die Tomate?

Das Wissen von der Ursprünglichkeit in unserer Welt für die 1+4 Verbindung aus dem Schöpfungsprinzip 1:4:

Vom ›*verborgenen* Farbwechsel‹ von Grün zu Rot.

Grün ✎ *siehe 170. Gedanken-Impuls*

Die Farbe des ›Hier und Jetzt‹.

Grün, die Farbe der Hoffnung, um zum Ursprung zu gelangen.

Grün, die Farbe mit dem urhebräischen Zahlenwert <50>.

Rot ✎ *siehe 173. Gedanken-Impuls*

Die Farbe des Ursprungs im alten Wissen.

Die Farbe der »JHWH«-Ebene.

Die Farbe des ›HÖCHSTEN Bewusstsein‹ des Menschen.

Auch bei anderen Obst- und Gemüsesorten finden wir diesen ›*verborgenen* Farbwechsel‹.

Welch ein Fingerzeig von der Tomate aus dem ›Verborgenen‹ an den Menschen.

37. Impuls

Berge

Das <nur 4>-Wahrnehmen und Denken, ohne die 1+4 Anbindung:
Beschränkung auf das ›Nur Messende‹ beim Anblick eines Berges.
Wie hoch ist der Berg? Wie lange dauert es, den Gipfel zu erreichen?
Habe ich von oben einen guten Überblick ins Tal?
Welche Rohstoffe kann ich aus dem Berg gewinnen?

Das Wissen von der Ursprünglichkeit in unserer Welt für die 1+4 Verbindung aus dem Schöpfungsprinzip 1:4:
Was möchte uns ein Berg vom ›Verborgenen‹ er-*zählen*?
Was *verbirgt* der Berg?

Die *Symbolik* des ursprünglichen Wissens er-*zählt* uns von Bergen:

- Vom ›Berge Arafat‹ bei NOAH, vom ›Berge Sinai‹ bei MOSES, vom Tempelberg als das ›Haus Gottes‹.
- Wenn etwas *Großes* im alten Wissen geschieht, äußert es sich immer als Berg, als Gebirge.
- Was ist die Struktur (Zahlenwerte) eines Berges im ursprünglichen Bauplan?
- ›Wie oben, so unten!‹: Finden wir im Menschen die gleiche Struktur aus dem ›Wesentlichen‹ wie die eines Berges?

Ein Berg beschreibt im alten Wissen immer einen ›HÖCHSTEN Zustand‹: Das ›HÖCHSTE Bewusstsein‹ im Menschen.

Symbolisch:

›Gott‹ spricht dann mit MOSES. Im Menschen ist dieses ›HÖCHSTE‹:
Wenn die 1+4 Verbindung aus der Struktur 1:4 vollendet ist.
Wenn der Mensch *in sich* das ›Allerheiligste‹ betritt – als Zustand, *nicht* als ein Gefühl.
Dies ist der Endzustand, den *echte* Einweihungswege anstreben.

Analoge Struktur:

›Hügellose Landschaft‹: Der Mensch ist sehr weit von sich, von seiner Seele entfernt. Die 1+4 Verbindung wäre möglich, existiert aber nicht.

36. Impuls

7. Chakra: Sahasrāra-Chakra

- Synonyme: Ākāsha-Chakra, bekannt als **Kronen-Chakra**.
- Es wird auch als 1.000-speichiges Chakra bezeichnet, da es die Form eines **1.000-blättrigen Lotus** hat, der ein helles Licht ausstrahlt (*Sahasrāra* bedeutet tausendblättrig).
- Auf den Lotusblättern sind 20 Mal *rechtsläufig* die 50 Buchstaben des (Sanskrit-) Alphabets angeordnet.
- Es liegt **über dem Scheitelpunkt** am oberen Ende der *Sushumnā*, nach anderen Autoren direkt am Scheitelpunkt.
- Seine symbolische Form ist ein **Dreieck**.
- Es wird als **jenseits der Elemente** betrachtet, da es mit dem reinen Bewusstsein verbunden ist.
- Die im *Mantra* rezitierte **Keimsilbe** (*bīja*) ist „**OM**" (*pranava-bīja*), Klang des Universums.
- Die zugeordnete Gottheit *Shiva*.
- Bei der Konzentration darauf **erlangt man höchste Erkenntnis und höchste Glückseligkeit** (*paramānanda*).
- Gelegentlich findet man für das 7.-Chakra auch die Bezeichnung ›Höchster Sitz‹ (*mahā-pitha*).

✎ *siehe auch Erklärungen zum 1. Chakra (30. Gedanken-Impuls)*

35. Impuls

6. Chakra: Ājñā-Chakra

- Befehls-Chakra.
- Synonyme: ›Guru-Chakra‹, **Stirn-Chakra**
- Es liegt zwischen den Augenbrauen und wird auch als ›**drittes Auge**‹ bezeichnet.
- Es hat die Form eines **2-blättrigen milchweißen Lotus** mit der symbolischen Form eines nach unten weisenden Dreiecks,

- in dem sich ein leuchtender *Itara-Lingam* (Symbol für die Schöpferkraft *Shivas*) befindet.
- Sein Element (*tattva*) ist der **Geist** (*manas*, sinnlich nicht wahrnehmbar)
- Die im *Mantra* rezitierte **Keimsilbe** (*bīja*) ist ein kurzes „A".
- Ihm sind die Gottheiten *Param-Shiva* als *Hamsa* und *Hākinī* zugeordnet.
- Ājñā-Chakra ist der **Sitz des Bewusstseins.**
- Bei Konzentration darauf zerstört man sein *Karma* und erlangt alle höheren und die 32 niederen *Siddhis* (Fähigkeiten).

↳ *siehe auch Erklärungen zum 1. Chakra (30. Gedanken-Impuls)*

34. Impuls
5. Chakra: Vishuddha-Chakra

- Reines, geläutertes Chakra.
- Synonyme: *Jālandhara-Pīṭha* (großes Tor zur Befreiung), auch als *Kehlchakra* oder *Halschakra* bekannt
- Es liegt an der **Kehlbasis** und hat die Form eines **16-blättrigen Lotus** mit einem weißen Kreis in der Mitte.
- Sein Element (*tattva*) ist der **Äther** (*akāsha*).
- Die im *Mantra* rezitierte **Keimsilbe** (*bīja*) ist „**HAM**".
- Sein Tiersymbol ist der **Elefant** mit 6 Stoßzähnen.
- Ihm sind die Gottheiten *Sadā-Shiva* (der glückliche Liebevolle) und *Shākini* (die Machtvolle) zugeordnet.
- Konzentriert man sich auf das Chakra, **erlangt man die Erkenntnis der *Veden*** (heilige Schriften), der Vergangenheit, Gegenwart und Zukunft.

↳ *siehe auch Erklärungen zum 1. Chakra (30. Gedanken-Impuls)*

33. Impuls
4. Chakra: Anāhata-Chakra

- Herzlotus, in der **Herzgegend** gelegen.
- **Sein Lotus hat 12 Blätter** von roter Farbe.
- Seine symbolische Form ist das **Hexagramm**[1] in graublauer Farbe, darin befindet sich das *Bāna-Lingam* (Symbol für Schöpferkraft *Shivas*).
- Sein Element (*tattva*) ist die **Luft** (*vāyu*).
- Die im *Mantra* rezitierte **Keimsilbe** (*bīja*) ist „YAM".
- Das Tiersymbol ist die **Gazelle** und die zugeordneten Gottheiten sind *Īsha* und *Kākinī*.
- In diesem Chakra kann man den ›**Klang des Herzbewusstseins**‹ (*Anāhata-Shabda*) hören.
- Es ist der **Sitz der Lebenskraft** (*prāna*) und die Wohnung des **Hamsa**[2]
- Bei Konzentration auf dieses Chakra **erlangt man Wissen und die Fähigkeiten des Hellsehens oder/und Hellhörens.**

Worterklärungen:
[1] Magisches Hexagramm: In der Fruchthülle des Anāhata-Chakras liegt die sechseckige Luftregion (*vāyu-mandala*).
[2] Königsvogel, Keimsilbe „OM", Synonym für *Ātman* (das Selbst)
✍ *siehe auch Erklärungen zum 1. Chakra (30. Gedanken-Impuls)*

32. Impuls
3. Chakra: Manipūra-Chakra

- *Manipūra*: ›Juwelenstadt-Chakra‹ (*mani*: Juwel), auch *Manipūraka* (Nabel-Zentrum) genannt.
- Es liegt in der **Nabelgegend** (im Bereich des Solarplexus).
- Es ist regenbogenfarbig und hat einen **10-blättrigen Lotus.**
- Seine symbolische Form ist ein rotes Dreieck, an dessen Außenseiten 3 **Svastika-Symbole** (*Segenszeichen in Kreuzform*) sind.

- Sein Element (*tattva*) ist das **Feuer** (*tejas*).
- Die im *Māntra* rezitierte **Keimsilbe** (*bīja*) lautet „**RAM**".
- Das Tiersymbol ist der **Widder**.
- Die zugehörigen Gottheiten sind *Rudra* (der Schreckliche) und *Lākinī* (Göttin der Willenskraft).
- Die Konzentration auf dieses Chakra **befreit von Krankheiten**.

✎ *siehe auch Erklärungen zum 1. Chakra (30. Gedanken-Impuls)*

31. Impuls
2. Chakra: Svādhishthāna-Chakra

- ›**Lebensbasis-Chakra**‹, Selbstbasis-Chakra.
- Synonym: Sakral-Chakra.
- Es liegt im Energiekanal (*sushumnā*) unterhalb des Nabels an der Wurzel der Genitalien.
- Es hat die Form eines **6-blättrigen Lotus**, von dem 6 feine Energiekanäle (*Nādīs*) ausgehen.
- Seine symbolische Form *(tattvisches Mandala)* ist ein nach oben gerichteter **Halbmond**.
- Das Element (*tattva*) ist **Wasser** (*apas*).
- Die im *Māntra* rezitierte **Keimsilbe** (*bīja*) lautet „**VAM**".
- Das zugeordnete Tiersymbol ist das **Krokodil** und seine Gottheiten sind *Vishnu* und *Rākinī*.
- Wer sich auf dieses Chakra konzentriert, beherrscht das Wasserelement und den Tod.
- Gelegentlich findet sich für das Svadhishthāna-Chakra auch das Synonym ›*Linga-Chakra*‹.

✎ *siehe auch Erklärungen zum 1. Chakra (30. Gedanken-Impuls)*

30. Impuls

1. Chakra: Mūlādhāra-Chakra

- Wurzel- oder Basis-Chakra.
- Es ist an der untersten Stelle der **Sushumnā**[1], am **Perineum**[1] (*yoni*), gelegen.
- In ihm hat der Zentralkanal (*sushumnā-nādī*) seinen Ursprung, die **Kundalinī-Shakti**[3] ruht im unerweckten Zustand darin.
- Es hat die Form eines 4-blättrigen **Lotus**[4] von dem 4 **Nādīs**[5] ausgehen.
- Die Lotusblätter sind rot und tragen als Charakteristika eines **Mandala**[6] die Buchstaben[7] Va, Sha, Sha und Sa.
- Sein Element (**tattva**[8]) ist die **Erde** (*prithivī*),
- Seine symbolische Form ist ein **Quadrat**, dessen Farbe Gelb ist. Darin befindet sich ein goldener **Phallus**[9] (*svayambhu linga*), um den sich 31 Mal die **Kundalinī**[3] windet.
- Sein Tiersymbol ist der Elefant mit 7 Rüsseln (*airāvata*) und seine Gottheiten **Brahmā**[10] und **Dākinī**.[11]
- Die im **Māntra**[12] rezitierte **Keimsilbe** (*bīja*) ist „**LAM**".
- Konzentriert man sich auf dieses Chakra, dann erkennt man die Vergangenheit, Gegenwart und Zukunft und erreicht die Fähigkeit zur Levitation (Leichtigkeit).

Worterklärungen:

[1] **Sushumnā:** Der Zentralkanal, durch den die Lebenskraft vom psycho-energetischen Zentrum am Ende der Wirbelsäule (*mūlādhāra*) bis zum Scheitelpunkt (*sahasrāra*) fließt. Er wird auch der ›Weg zur Befreiung‹ genannt. Er beginnt an der Anschwellung (Knolle, *kanda*) eine Spanne über dem Pudendum (Geschlechtsteil) und läuft über das Rückgrat bis zum Scheitelpunkt. Der Kanal besteht aus verschiedenen Schichten. Das Aufsteigen der psychoenergetischen Kraft (*kundalinī-shakti*) durch diesen Zentralkanal wird als *Sushumnā-Yoga* bezeichnet.

[2] **Perineum (yoni):** Das Perineum (deutsch: ›Damm‹) ist die Region zwischen After und den äußeren Geschlechtsorganen. *yoni*: Sanskrit, Ursprung, Quelle, Vagina. Symbol für die schöpferische Empfängnis.

[3] **Kundalinī-Shakti:** *Kundalini:* Die Schlangenkraft, die am unteren Ende der Wirbelsäule sitzt, und die u.a. durch Yoga erweckt werden kann. *Shakti:* Sanskrit, Kraft, Macht, göttliche Urenergie.

[4] **Lotus:** Die Blume öffnet sich mit dem Sonnenlicht und ist im Hinduismus und Buddhismus ein Symbol für Erleuchtung, die Öffnung des Bewusstseins zu höchster Erkenntnis, Glückseligkeit.

[5] **Nādī:** Feinerer Energiekanal im Körper, in dem die Lebenskraft/-energie (prāna) zirkuliert.

[6] **Mandala:** Sanskrit: Kreis, Diagramm aus Quadraten und Kreisen, die kosmische Kräfte symbolisieren. Im Hinduismus und Buddhismus, besonders im *Tantra*, werden sie als Meditationshilfen.

[7] **Buchstaben:** Analog zum Urhebräischen hat auch Sanskrit ein ›Buchstabensystem‹.

[8] **Tattva** Sanskrit: Dasheit, Wesenheit. Die *Tattvas* können physische und auch kosmische Realitäten bezeichnen. In den verschiedenen philosophischen Schulen ist von 5–96 Tattvas die Rede.
Sehr häufig werden mit den Tattvas nur die **fünf groben Elemente** (**bhūtas**) bezeichnet:

prithivī	apas	tejas, agni	vātyu, vāta	ākāsha
Erde	Wasser	Feuer	Luft, Wind	Äther
1. Chakra	2. Chakra	3. Chakra	4. Chakra	5. Chakra

Die zweithäufigste Bezeichnung ist die der ›24 Daseinsprinzipien‹ der *Sāmkhya*-Philosophie (eine der 6 großen Philosophien Indiens).

[9] **Phallus, goldener**
Griechisch: *Phallos*, Penis. Inbegriff der Zeugungskraft. Er ist bald Kultobjekt, mal Kultmittel. In den antiken Religionen hatte er große Bedeutung (Mysterien), die er auch noch heute im Hinduismus und Tantrismus hat. Dass er golden ist, zeugt von höchster Wichtigkeit.
svayambhu linga: selbstexistierender Phallus (Zeugungskraft).

[10] **Brahmā:** Neben Vishnu und Shiva, einer der 3 Hauptgötter im Hinduismus.

[11] **Dākini:** Weibliche Dämonenwesen, die sich in Gesellschaft von Göttern befinden. Sie werden meist als rasende und nackte Gestalten dargestellt.

[12]**Māntra:** Worte oder Silben, die nach buddhistischer und hinduistischer Auffassung mit Kraft geladen sind und beim Aussprechen oder steten Wiederholen psychoenergetische Wirkung zeigen. In der Meditation, aber auch in der Magie verwendet.

29. Impuls
Chakra: Sanskrit, Rad, Kreis
In der Yogaphilosophie die Bezeichnung für ›psychoenergetische Zentren‹ und Energien im Menschen, die als „Organe" den aus Lebensenergie (*prāna*) geformten Körper bilden.

Die ersten 6 Chakras liegen dabei innerhalb des physischen Körpers. Die Anzahl der möglichen Chakras variiert bei den verschiedenen Schulen und Autoren. Neben den ›7 Basis-Chakras‹ werden 24, 32 oder weitere Chakras beschrieben.

Die ›7 **Basis-Chakras**‹ sind:
1. **Mūlādhāra:** Wurzel-Chakra
2. **Svādhishthāna:** ›Lebensbasis-Chakra‹, Selbstbasis-Chakra
3. **Manipūra:** ›Juwelenstadt-Chakra‹
4. **Anāhata:** tonloses Chakra
5. **Vishuddha:** reines Rad
6. **Ājñā:** ›Königsrad‹
7. **Sahasrāra:** 1000-speichiges Rad

✎ *siehe 30. bis 36. Gedanken-Impuls*

28. Impuls
Die 16. Tarot-Karte
Der vom Blitz getroffene Turm.
Der ›Turm zu Babel‹.
Der vom Turm stürzende, der <bösen 4> dienende ›Ego-Mensch‹.

Der Zusammenbruch des ›Turmes von Babel‹ wird in der Bibel
[*Genesis 11:9*] als warnendes Beispiel menschlicher Überheblichkeit
geschildert. Der Turm soll bis in den Himmel reichen, was von ›Gott‹.
verhindert wird.

**So entdeckt und erfährt der Mensch aus den Unterweisungen,
die ihm die 16. Tarot-Karte gewährt, dass…**

…die Zerstörung und dem Einsturz ein *positiver Aspekt* entspricht,
… durchaus *nicht alle* Zerstörung ein Negatives darstellt,
… sondern, dass hinter all dem Verworrenen des ›Turmes von Babel‹

eine Aufgabe auf den Menschen wartet,
dringend nach Lösung verlangt.

Wer das Geheimnis des Turmes *recht* versteht, dem schreit die sich
daraus ergebende, sich aus solchem Verständnis entfaltende Ein-Sicht
zu: **Tue Dein Werk, das Werk der Vernichtung der <bösen 4> für
Deine 1+4 Verbindung!**

Die **Symbolik der tarotischen Bilder** hat *bis zur* **14. Tarot-Karte**
- das ›Tun des Bauens‹ betont und gefordert,
- das Tun überhaupt für die 1+4 Verbindung bejaht,
- zumal aber das Tun in seiner Qualität als Ansammeln,
- freilich in einem höchst positiven Sinne:
  Das Ansammeln von *Hilfsmitteln, von Werkzeugen, von
  Wissen, von Verdiensten, von Vorsätzen, Absichten, Plänen*
  für die 1+4 Verbindung.

Die 16. Tarot-Karte symbolisiert den Einsturz der <bösen 4>.

27. Impuls
Früchte

Früchte sind umhüllt von einer Schale.

Die Nuss ist ummantelt von einer härteren Schale, der Apfel begnügt sich mit einer weichen Schale.

Was er-*zählt* uns das ursprüngliche Wissen von den unterschiedlichen Härten der Schalen? Von der Umhüllung der Frucht? Was sind die ›Schalen‹, die ›Umhüllung‹ und die ›Frucht‹ beim Menschen?

Im alten Wissen werden die Schalen, die Umhüllungen »**klippoth**« genannt.

Eine Schale »**klippah**« ist das ›nur Äußere‹, die ›Umhüllung des Wesentlichen‹:

- Die Schale der Frucht.
- Das Äußere des Menschen *ohne* seine Seele.

Die ›Umhüllung‹, das Äußere, muss zum Schutz der Frucht da sein.
Das Äußere ist unsere wahrnehmbare, materielle Welt.
Die Umhüllung ist auch unser Körper, der beim Menschen das *Innere* beschützt.

Die ›Frucht‹ des Menschen ist seine *Seele*.
Die Frucht muss *zur Reife* im Leben gebracht werden.
Der ›Kern der Frucht‹ ist der *Sinn des Lebens*.

Dies meint: **Die <4>, die Umhüllung, mit der <1> zu verbinden, um zum Kern, zum *ursprünglichen* Sinn des Lebens, zu gelangen.**

Die ›Schale des Menschen‹ *muss* weich sein. Eine harte Schale führt zu Krankheit(en) und Schicksal(e).

✋ *siehe 14. und 15. Gedanken-Impuls*

26. Impuls
Die Fliege

Im alten Wissen wird im Wein des PHARAO eine Fliege gefunden. Er ist *symbolisch* der ›König der Welt‹, die <nur 4> aus der Struktur 4:1.

Eine *Fliege* ist Ausdruck der Vielheit. Die große Masse an Vielheit. Vielheit im Gegensatz zur Individualität des Menschen.
Der ›Herr der Fliegen‹ ist uns bekannt als »Belzebub«, als der Teufel, als der Verhinderer der Individualität.

Denken Sie bitte auch an den üblen Geruch, der Fliegen anzieht.
Die *Symbolik* der Fliege er-*zählt* uns von der Gefahr des Menschen, sich in der Vielheit zu verlieren.

✍ *siehe 168. Gedanken-Impuls sowie mein Buch:* „***Impulse vom Mystischen Wissen***"
3. Impuls: Die Fliegenschwärme unserer Gedanken einfangen

25. Impuls
Urhebräische kabbalistischen Numerologie

Jeder Mensch und *jeder* »Sched« (Mehrzahl: »Schedim«) besitzt einen Vornamen, einen Nachnamen und einen Geburtstag.

Die Urhebräische kabbalistischen Numerologie berechnet die mitgebrachten Lebensaufgaben eines Menschen. Oder eines »Sched«.

Die Zahlenwerte der Menschen:
Die mitgebrachten Lebensaufgaben eines Menschen, die aus der göttlichen »Neschamah« (›obere Seele‹) stammen, nun in der ›unteren Seele‹ liegen, *können* vom Menschen *mit einer ›unteren Seele‹* für seine innere 1+4 Verbindung aus dem Schöpfungsprinzip 1:4 genutzt werden.

Viele Menschen leben ihre ›mitgebrachten Zahlenwerte‹ nur in ihrer Außenwelt ohne ihre seelische Anbindung.

Die Zahlenwerte der Wesen »Schedim«:
Die mitgebrachten Lebensaufgaben eines »Sched«, die aus dem ›Reich der Finsternis‹, wie die Wesen selbst, stammen, dienen der Vernichtung der 1+4 Anbindung aus dem Schöpfungsprinzip 1:4.

Diese Lebensaufgaben *müssen* und *werden* von den »Schedim«, die **ohne** ›untere Seele‹ sind, ausschließlich für die Zerstörung der 1+4 Verbindung in dieser Welt umgesetzt.

Das alte Wissen erzählt uns, dass die »Schedim« aus der (*symbolisch!*) Finsternis stammen (von ›ADAM und LILITH‹) und nach ihrem Tode auch dorthin zurückkehren. Die »Schedim« haben keinen Zugang zur (*symbolisch!*) Lichtseite. ✎ *siehe 62. Gedanken-Impuls*

✎ *siehe mein YouTube-Kanal* **„Bernhard P. Wirth"**
Video: Was meint Urhebräische kabbalistische Numerologie?

24. Impuls
Der »Purusha« aus dem fernöstlichen Wissen
Nun ist der »Purusha« (›untere Seele‹),
der ein Gefangener ist, wie ihr wisst,
ein Gefangener der Prakriti (*Materie*).
Durchaus von dieser mächtigen Herrin
nicht an Ketten gelegt.
O nein, er bewohnt ein Schloss, wie es in den Texten heißt.
Eine ganze Stadt, eine Leibesstadt.
Und so wie der Meru:
In seiner Bedeutung verschieden gefasst ist,
wie Meru das eine Mal die Wirbelsäule bedeutet
und das andere Mal den Weltberg, den Gipfel.

Wie seine Bedeutung das eine Mal physiologisch ist, das andere Mal
kosmographisch (*das Weltall beschreiben*).
So ist auch Kāya, der Leib, in seiner Bedeutung vielschichtig:
Die Leibesstadt, mit ihren Toren, Gräben und Wällen.
Mit ihren Tempeln und dunkeln Gruben.
Ist der Ort der Gefangenschaft der »Purusha«.
Innerhalb der Leibesstadt bewegt er sich frei, wie ein gefangener
König,
der auf einer Insel ausgesetzt ist, der sich auf dieser Insel frei bewegt.
Ein Gefangener, dem man eine gewisse Freiheit lässt.
Glaubt nicht, dass das Problem so einfach sei.
Es ist ein Problem von sehr großer Bedeutung.
Es ist euch nicht unbekannt, dass der Mensch, der Entwickelte sowohl
wie der Unentwickelte,
sofern er nicht in der Welt von Upekkhā (*Gleichmut*) lebt,
sofern er also kein fast oder ganz Erlöster ist,
Stimmungen unterworfen ist, Schwankungen des
Persönlichkeitsgefühls
oder der Persönlichkeitsgespanntheit.
Ja, dass das Persönlichkeitsgefühl nichts Einheitliches ist,
sondern ein vielgestaltiges Phänomen von wechselnder Dichtigkeit ist,
ja noch mehr, nicht nur das Persönlichkeitsgefühl ist außerordentlich
schwankend,
sondern auch das Ich-Gefühl,
dieses ach so geliebte und gehätschelte Ich.
Das Ich ist nichts Einheitliches,
sondern unterliegt Aufschwüngen und Abstürzen,
erleidet Einbußen und manchmal auch empfindliche Verluste.
Das ist doch seltsam!
Und, wenn ich mich nicht irre,
kaum nur psychologisch zu erklären;
und, soweit ich zu sehen vermag,
haben denn auch die subtilsten Bemühungen,
einer psychologischen Erfassung
dieser seltsamen Probleme wie Ich-Verlust, Besessenheit oder
um modern zu sprechen,

Identifizierung, Doppel-Ich
noch keine ausreichende Erklärung gefunden.
Ja, sie können sie nicht finden,
wenn das Auge, das die Phänomene betrachtet, durch die Brille der
Psychologie sieht.
Was heißt denn das überhaupt:
Sich identifizieren?!
Es sei in aller Bescheidenheit
einmal erlaubt zu fragen, wie macht man das?!
Diese Frage gilt für den Identifizierungsprozess schlechthin,
ob es sich nun um eine Identifizierung
mit dem Vater oder der Mutter handelt,
oder um eine Identifizierung mit einem Bilde, mit Imagines.
Solche Phänomene und nicht nur diese,
können nur dann wirklich erfasst und verstanden werden,
indem man sich klar macht, dass die Leibesstadt
verschiedene Bezirke hat.
Die Texte vergleichen die Leibesstadt?
Auch mit einem Turm, der verschiedene Stockwerke aufweist.
Diese Stockwerke nun sind durch Treppen miteinander verbunden.
Die Stockwerke haben Fenster, und in jedem Stockwerk befindet sich
ein Saal, in dem Tische mit verschiedenen Instrumenten und
Apparaten stehen.
Betritt nun der Bewohner dieses Turmes
dieses oder jenes Stockwerk,
und blickt er durch die Fenster dieser Räume in die Welt,
so wird er verschiedene Aspekte erfassen.
Zumal auch die Fenster der verschiedenen Stockwerke nach
verschiedenen Richtungen orientiert sind,
und außerdem das Glas dieser Fenster verschiedenartig gefärbt ist.
In einem Stockwerk weisen die Fenster nach Osten;
er erblickt die Länder des Ostens
durch ein – sagen wir einmal – grünes Glas.
Wer sich nun dauernd in diesem Stockwerk aufhält, wer die andern
nicht kennt, der wird sagen:
Das, was er durch dieses eine Fenster erblickt, das ist die Welt.

Da der »Purusha« (›untere Seele‹) infolge
seiner Verjochung mit der Prakriti (*Materie*)
ja die falsche Wahrnehmung hat, hält er das, was er jeweilen
wahrnimmt, für die Summe alles Wahrnehmungsmöglichen.
Er meint, was er sieht, sei die Realität, so wie er es sieht, sei es.
Bedient sich dieser Mann, der in diesem Stockwerke lebt, der
Instrumente, das sind die Indriyas (*Sinnesorgane*) und die
Karmindriyas, die 5 Tatorgane (Reden, Greifen, Gehen, Entleeren und
Zeugen), so kann er mit diesen Instrumenten natürlich nur
Handlungen vollführen,
die den betreffenden Instrumenten angepasst sind.
Mit einem Messer kann man nicht malen.
Und ein Glätteisen kann nicht als Brille benutzt werden.
Ein Baum pflegt in der Regel nicht als Pinsel verwendet zu werden.
Begibt sich der Gefangene jedoch in das nächsthöhere Stockwerk,
so erblickt er zunächst nun ein vollkommen anderes Inventar.
Versucht er, die Außenwelt anzuschauen, so steht ihm ein Fenster zur
Verfügung.
Das nach Westen orientiert ist, sagen wir einmal.
Er sieht also eine ganz andere Landschaft, die er wieder für die Welt
halten könnte.
Es soll nicht so selten sein, dass bestimmte Menschen
sich mit ihren Ansichten so sehr identifizieren, dass sie ihre Ansichten
für die Wahrheit halten.
Hier besteht das Wort Identifizierung zu Recht. Ich sage es freilich
nicht in einem psychologischen Sinne, sondern im Sinne von Avasthā,
im Sinne von Zustand.
Handelt er nun der Gefangene, so benutzt er dazu eben die
Instrumente, die ihm zur Verfügung stehen.
Will er etwa Musik machen, und er findet eine Laute, so spielt er eben
auf der Laute, weil es keine Flöte hat.
Im andern Stockwerk nun,
da sieht er die Welt gleichsam von hinten,
denn sein Fenster geht nach Norden.
Er hat ganz andere Instrumente zur Verfügung.
Immer anders handelt er, und immer anders sieht er,

und es ist doch ein Turm.

So verhält sich auch der »Purusha« (›*untere Seele*‹) innerhalb der Leibesstadt.

Die Leibesstadt hat verschiedene Stockwerke.

Diese Stockwerke heißen Avasthā.

Avasthā heisst Zustand.

Die Avasthā sind verbunden mit den Koshas, mit den Hüllen.

Es sind Zustände von verschiedener Dichtigkeit.

So sind in einem Avasthā, im Avasthā der Stirn,

35 *Tattvas* vorhanden. (›*Tattva*‹ *hier umfassender als Entität verstanden* ✎ *siehe Erklärung im 30. Gedanken-Impuls*)

Während im Avasthā von Mūlādhāra (*Wurzelchakra*) nur zwei Tattvas (*Elemente*) wirksam sind.

Der »Purusha« (›*untere Seele*‹) nun der meisten Menschen erhält sich je nach dem Avasthā (*Zustand*), in dem er west, verschieden.

Bei den meisten Menschen weiß der »Purusha« nun,

wenn er sich nun etwa im Avasthā (*Zustand*) des Herzens befindet, nichts von den andern Avasthās (*Zuständen*).

Er hat keine Erinnerung.

Der Wissende freilich hat den Prozess des Einweihungsweges so geübt, dass der »Purusha« (›*untere Seele*‹) auch die Erinnerung an die andern Zustände behält, wenn er nicht in ihnen west.

Es ist ohne Schwierigkeit einleuchtend, dass mit dieser Tatsache eine ganz andere Fragestellung verknüpft ist.

Für das Wissen um Karma nun ist es notwendig, diese verschiedenen Zustände genau so zu kennen, wie es für den bemühten Einwohner einer Stadt wichtig ist,

etwa die verschiedenen Bezirke eben dieser Stadt zu kennen,

und nicht nur den Bezirk, in dem er gerade wohnt.

Aber es ist wohl schon so, dass es den meisten Menschen ziemlich gleichgültig ist, wie es in den andern Bezirken aussieht.

Man wäre versucht zu sagen,

dass das Letztere von der Größe der Stadt abhinge,

dass die Stadt Babel,

und das ist Kaya, das ist der Körpertopf,

eine sehr große Stadt ist.

Karma-*Jñāna* (*Wissen um...*) zielt ja auf das Verständnis des Ganzen,
auf das Verständnis des ganzen menschlichen Kosmos,
und nicht nur auf das Verständnis eines Lebens,
sondern auf die Fülle des Lebens,
auf die Lebensmenge, nicht auf die Lebensdauer.
Nicht nur auf ein Leben bezogen, sondern als Fülle des Lebens.
Das dem oder jenem »Purusha« (*›untere Seele‹*) zusteht.
Mit Kirchturmpolitik kommt man hier nicht weiter.
Es wird also die Aufgabe der nächsten Zeit sein,
die Verknüpfung der verschiedenen Hüllen
mit den Tattvas einerseits und den Avasthās andererseits zu
untersuchen.
Es wird dann ferner sich die Aufgabe stellen, Wege zu suchen,
die dazu führen, den »Purusha« mit Kenntnissen auszustatten,
durch die es ihm erlaubt wird, die verschiedenen Schichten
menschlich leib-seelischen Seins zu verstehen,
und nicht mehr verhaftet zu sein an ein Leben in Schichten,
oder, mit andern Worten, es gilt, den Schlüssel zu finden,
der es dem »Purusha« erlaubt, in den verschiedenen Stockwerken
nach Belieben auf und ab zu steigen.
Sicher, im Wissen um den Besitz des Schlüssels.
Nur ein solcher »Purusha« kann in den Zustand der verschiedenen
Hüllen kommen,
zur Anschauung der verschiedenen Hüllen zu kommen.

23. Impuls
Der ›Bardo-Zustand‹
»Bardo«: Tibetisch, Zwischenzustand.
Der Zustand eines Individuums *zwischen* dem Tod und der
nachfolgenden Inkarnation aus der ›oberen Seele‹.

Im Vajrayâna-Buddhismus wurde die Lehre weitergegeben, dass in
diesem Zustand das Bewusstsein des Individuums beeinflusst werden
kann.

Daraus ist der »**Bardo Thödol**«, die ›Befreiung durch Hören im
Zwischenzustand‹ entstanden, meist als „*Tibetisches Totenbuch*"
bezeichnet und allgemein bekannt.
✎ *siehe z. B. „Das Tibetische Buch vom Leben und Sterben"*
  von Sogyal Rinpoche

Im »**Bardo Thödol**« wird dieser Zwischenzustand in verschiedene
Phasen eingeteilt:
3 Phasen (»Bardos«) über das *diesseitige* Leben und
3 Phasen über den Prozess des Todes und der folgenden Inkarnation.

✎ *siehe mein YouTube-Kanal „Bernhard P. Wirth"*
  Video: Die zwölf Stationen des Todes

22. Impuls
Die Zahlen
Die Zahlen und ihre theosophische Anwendung sowie die Bedeutung
der Zahlen als ›Schlüssel‹ (»Theosophie«, Griech.: ›Gottesweisheit‹)

Die Zahlen
Das Altertum hatte eine Auffassung von den Zahlen, die heute fast
vollständig verlorengegangen ist.
Die Vorstellung von der ›EINHEIT‹ (griech. »MONÁS«) in allen

ihren Manifestationen ergab, dass die Zahlen als ›Ausdruck der absoluten Gesetze‹ betrachtet wurden. Darin wurzelt die für unsere heutigen Mathematiker so unverständliche Verehrung der ›DREIHEIT‹ oder der ›VIERHEIT‹ in der Antike.

Es ist jedoch offensichtlich, dass nichts ›die Alten‹ zu diesen Vorstellungen gebracht hätte, *die übrigens in allen indischen, ägyptischen und griechischen Universitäten gang und gäbe waren,* wenn sie mit den Zahlen keine anderen Operationen durchzuführen gewusst hätten als diejenigen, die wir heute vornehmen.

Was sind das für Operationen gewesen, von denen unsere heutigen Gelehrten nichts mehr wissen?
Es sind zahlenmäßig nur zwei: Die **theosophische Reduktion** und die **theosophische Addition**.
Diese Rechenoperationen heißen deshalb *THEOSOPHISCH*, weil man mit ihnen in die Welt der ›essentiellen Gesetze der Natur‹ eindringen kann, und sie nicht von der Wissenschaft der Phänomene verstanden werden können, die sie aus der Höhe der *reinen Intellektualität* regieren. Daher bildete ihre Lehre die Grundlage der geheimen, mündlichen Unterweisung, die nur wenigen unter dem Namen der ›Esoterik‹ gegeben wurde.

1. Theosophische Reduktion
Die theosophische Reduktion besteht darin, alle aus mehr als einer Ziffer bestehenden Zahlen auf eine Zahl *aus einer Ziffer* zurückzuführen, indem die Ziffern, aus denen sich die Zahl zusammensetzt, so lange addiert werden, bis nur eine Ziffer übrigbleibt.

Beispiele:
10 = 1 + 0 = 1
11 = 1 + 1 = 2
12 = 1 + 2 = 3
126 = 1 + 2 + 6 = 9
2488 = 2 + 4 + 8 + 8 = 22 = 2 + 2 = 4

Diese Operation (über die Quersumme) entspricht dem, was man heute den ›BEWEIS DURCH 9‹ nennt.

2. Theosophische Addition

Die Theosophische Addition, die den ›theosophischen Wert‹ einer Zahl ergibt, besteht darin, dass man arithmetisch alle Ziffern von der Eins beginnend bis zu dieser Zahl einschließlich addiert.

Im Falle der **Zahl 4** erhalten wir bei theosophischer Addition aller Ziffern von **1** bis einschließlich **4** also: $1 + 2 + 3 + 4 = 10.$

Die **Ziffer 7** entspricht:
$1 + 2 + 3 + 4 + 5 + 6 + 7 = 28 = 2 + 8 = 10$

Die **Ziffer 12** entspricht:
$1 + 2 + 3 + 4 + 5 + 6 + 7 + 8 + 9 + 10 + 11 + 12 = 78$

Theosophische Reduktion und theosophische Addition sind die beiden *unerlässlichen* Operationen, um die Antike verstehen zu können. Wenden wir nun diese Grundgedanken auf alle Zahlen an, um das Gesetz zu finden, das ihrer Entwicklung zugrunde liegt.

Die theosophische Reduktion zeigt uns zunächst, ***dass alle Zahlen, ganz gleich wie groß, sich auf die neun ersten (1-9) zurückführen lassen***, wenn man sie in Zahlen aus nur einer Ziffer ausdrücken will. Aber diese Betrachtung genügt nicht; die theosophische Addition wird uns weitere ›Lichter‹ liefern.
Wir sehen dann nämlich, dass **1, 4, 7, 10** gleich **1** sind, denn...

$1 = 1$
$4 = 1 + 2 + 3 + 4 = 10 = 1$
$7 = 1 + 2 + 3 + 4 + 5 + 6 + 7 = 28 = 10 = 1$
$10 = 1$

Die Zahl Eins erscheint in allen drei Zahlen (**4, 7, 10**) wieder.

Es ergibt sich aus dieser Betrachtung:
1. dass *alle Zahlen* in ihrer Evolution diejenigen der vier ersten wiedergeben;
2. dass die letzte der vier ersten, **die Ziffer 4**, die ›Einheit‹ einer unterschiedlichen Oktave darstellt.

Die Reihe der Zahlen kann also auch wie folgt geschrieben werden:

$$1 - 2 - 3$$
$$4 - 5 - 6$$
$$7 - 8 - 9$$
$$10 - 11 - 12$$
$$13 - 14 - 15$$
$$16 - 17 - 18$$
$$19 - 20 - 21$$
$$\ldots$$

Nach der Feststellung, dass **4, 7, 10, 13, 16, 19** usw. nur die *unterschiedlichen Konzeptionen der Einheit* sind, beweisen wir die Anwendung der theosophischen Addition und Reduktion wie folgt:

$$1 = 1$$
$$4 = 1 + 2 + 3 + 4 = 10 = 1$$
$$7 = 1 + 2 + 3 + 4 + 5 + 6 + 7 = 28 = 10 = 1$$
$$10 = 1$$
$$13 = 4 = 10 = 1$$
$$16 = 7 = 28 = 10 = 1$$
$$19 = 10 = 1 \text{ usw.}$$

Damit haben wir nachgewiesen, dass nach jeweils drei Zahlen die Reihe abrupt zur Einheit zurückkehrt, während sie progressiv in den beiden dazwischenliegenden Zahlen weitergeht.

Wir möchten an dieser Stelle wiederholen, dass die Kenntnis der Gesetze und das Studium der Zahlen, wie wir es hier angedeutet haben, den ›Schlüssel‹ liefern zu allen okkulten Wissenschaften.

Zusammenfassend können wir sagen, dass wir zu folgendem Schluss gekommen sind: Alle Zahlen lassen sich in letzter Analyse zurückführen auf die Reihe der vier ersten, die da lauten:

1 – 2 – 3 – 4

Nachstehend geben wir den Wert der zwölf ersten Zahlen an, der den ›Schlüssel‹ zur Anzahl (78) der Tarot-Karten ergibt:

1 = 1
2 = 1 + 2 = 3
3 = 1 + 2 + 3 = 6
4 = 1 + 2 + 3 + 4= 10
5 = 1 + 2 + 3 + 4 + 5= 15
6 = 1 + 2 + 3 + 4 + 5 + 6 = 21
7 = 1 + 2 + 3 + 4 + 5 + 6 + 7 = 28
8 = 1 + 2 + 3 + 4 + 5 + 6 + 7 + 8 = 36
9 = 1 + 2 + 3 + 4 + 5 + 6 + 7 + 8 + 9= 45
10 = 1 + 2 + 3 + 4 + 5 + 6 + 7 + 8 + 9 + 10 = 55
11 = 1 + 2 + 3 + 4 + 5 + 6 + 7 + 8 + 9 + 10 + 11 = 66
12 = 1 + 2 + 3 + 4 + 5 + 6 + 7 + 8 + 9 + 10 + 11 + 12 = 78

21. Impuls

Vom Atem des Menschen

Dein Atem ist der ›Erstgeborene‹ erzählt uns das alte Wissen.
Im Atem war dein Anfang im ›Diesseits‹, mit deinem ersten Schrei.
Das Gesetz der ›hermetischen Polarität‹.
Im Fernöstlichen das ›Yin und Yang‹.
Dein Atem ist der Herrscher über Leben und Tod:

Die Selbstverständlichkeit des Atems lässt dies meist den Menschen vergessen.

Jede deiner Zellteilungen lebt von deinem Atem. Im Mutterleib ist bereits über die Nabelschnur und Plazenta die Versorgung mit Sauerstoff über die ›Blutzufuhr‹ von der Mutter gegeben.

Dein Atem gehört nicht dir. Er ist dein Leben *in dieser* Welt **aus** *einer anderen* Welt. Der ›Lebensodem‹ wird dir von ›Gott‹ eingehaucht. Du *musst* atmen.

Wie wunderbar wird im ›Alten Bund‹ (AT) durch die Symbolik ›**Leben-Atmender**‹ diese Thematik beschrieben. ✤ *siehe mein Buch: „Verschluss-Sache: B I B E L“: GENESIS Kapitel 1, Vers 20 ff.*

Durch deinen Atem bist du mit *Allem* verbunden. Du atmest *aus*, dein Mitmensch atmet deinen Atem ein. Dies meint ›materielle Verbindung‹ aller ›unteren Seelen‹.
✤ *siehe 49. Gedanken-Impuls*

Der kabbalistische Goethe:
Im Atemholen sind zweierlei Gnaden:
Die Luft einziehen, sich ihrer entladen;
Jenes bedrängt, jenes erfrischt;
So wunderbar ist das Leben gemischt.
Du danke Gott, wenn er dich presst,
Und dank ihm, wenn er dich wieder entläßt.
***Quelle**: Gedicht aus „West-östlicher Divan“*

Und mit dem letzten Atemzug verlässt der Mensch seine körperliche Hülle und geht damit – *aus Sicht der Polarität!* - wieder aus der ›Welt des Todes‹ heraus und zurück ins Leben, in die Welt der ›Einheit‹.

Achte auf deinen Atem, dein Wunderwerk im ›Diesseits‹!

20. Impuls
Die Gemeinsamkeit des Bösen
Der Rabbi Isaak Loriah sagt in seinem Buch über die dauernde Bewegung der Seelen, man müsse die Stunde vor dem Einschlafen mit großer Wachsamkeit ausnützen.

Während des Schlafes verliert die Seele tatsächlich eine zeitlang ihr individuelles Leben, um im universalen Lichte unterzutauchen; dieses Licht tritt in zwei entgegengesetzten Strömungen in Erscheinung.

Der Mensch, der einschläft, überläßt sich der Umschlingung der Schlange des „Aesculap", dem Symbol des Lebens und der Neugestaltung, oder läßt sich durch die giftigen Fesseln der häßlichen Python binden. Der Schlaf ist ein Bad im Licht des Lebens oder im Phosphor des Todes.

Wer mit Gedanken der Gerechtigkeit einschläft, badet im Verdienst der Gerechten, wer sich aber dem Schlummer mit Gedanken des Hasses und der Lüge überläßt, badet im Todesmeer, wo die Verpestung der Bösen wogt.

Die Nacht ist wie der Winter, der die Keime heimlich hütet und vorbereitet. Wer Unkraut sät, kann keinen Weizen ernten.

Wer in der Gottlosigkeit einschläft, kann nicht unter der göttlichen Segnung erwachen.

Man sagt: Guter Rat kommt über Nacht!

Dem Gerechten bringt die Nacht weisen Rat, dem Bösen unselige Triebe! Das sind die Lehren des Rabbi Isaak Loriah.

Wir wissen nicht, bis zu welchem Grade man diesen wechselseitigen Einfluß der in Schlummer versenkten Wesen zugeben kann.

Er wird von unfreiwilligen Kräften so gelenkt, daß die Guten die Guten besser machen, die Schlechten jene verderben, die ihnen ähnlich sind.

Es wäre viel tröstlicher zu denken, daß die Milde der Gerechten über die Schlechten erstrahlt, um ihnen Ruhe zu geben, und daß die Unrast der Schlechten nichts vermag über die Seele des Gerechten.

Sicher ist, daß die schlechten Gedanken den Schlaf beunruhigen, und daß ein gutes Gewissen in wunderbarer Weise das Blut erfrischt und im Schlafe ausruht.

Es ist jedenfalls wahrscheinlich, daß die magnetische Strahlung, tagsüber von Gewohnheiten und Willen bestimmt, nachts nicht aufhört. Auch im Tode nicht.

Ein Beweis dafür sind die Träume, in denen es uns oft scheint, als handelten wir unsern geheimsten Wünschen entsprechend.

19. Impuls

Von der Erkrankung und Gesundwerdung des Menschen

Ein gesunder Körper ist in Balance.
Jede Zelle arbeitet gesund und dient damit dem Konzept ›Harmonie‹.
Jede Zelle des Körpers leistet ihren gesunden Beitrag.

Jede **Erkrankung ist ein** ›aus der Ordnung‹, ›**aus der Harmonie geratener Zustand des Körpers**‹. Wo auch immer.
Der Zellstoffwechsel einer Zelle eines kranken Menschen folgt nicht mehr dem ›Prinzip der Gesundheit‹ im Sinne der Lebenserhaltung eines Menschen. Die Zellen eines erkrankten Menschen wollen diesen zerstören. *Warum wohl?*
Jede Erkrankung ist ein ›Leben-töten-Wollen‹.

Jede Körperzelle eines Menschen dient einem *übergeordneten* System als ›Informationsgeber‹ für die *Ausführung ihrer Arbeit.*
Wer hat der Zelle die Information gegeben, das ›Konzept der Lebenserhaltung‹ zu verändern?

Wo wird die Schulmedizin die Ursache einer Erkrankung suchen?
Im schlechten Lebenswandel des Menschen. Wo auch immer.
Bitte immer ›Füllstoffe‹ (verarbeitete Nahrungsmittel) essen und keine Lebensmittel, damit ihre Ursachenforschungen bestätigt werden!
Bitte immer die <böse 4> im Leben praktizieren, damit…!

Wer möchte, dass wir ›Füllstoffe‹ essen?
Wer möchte, dass wir <böse 4>-Gedanken haben?

Die Masse der erkrankten Menschen folgt *diesem* Denken und begnügt sich mit der Symptombehandlung, bereichert die Pharma- und Lebensmittelindustrie. Im alten Wissen werden diese Menschen als ›Sklaven des Teufels‹ bezeichnet.

Kann es sein, dass die Vorgaben der Zellqualität hinsichtlich der Variablen ›gesund oder krank‹ auch aus ganz anderen ›UR-sachen‹ entspringen? Die Frage ist erlaubt!

Wer könnte noch der Informationsgeber über die Richtung ›gesund oder krank‹ für die Zellteilung sein?

Die »nefesch«, die unsichtbare ›Körperseele‹ des Menschen als körperliche Handlungsebene für die ›untere Seele‹, die untere »neschamah« des Menschen. *Hier* liegt der Berührungspunkt zwischen ›unterer Seele‹ und materieller Körperlichkeit.
✥ *siehe 74. Gedanken-Impuls und mein Buch* **„Tränen der Seele"**

Die ›untere Seele‹ gibt einen Zustandsbericht (1+4 Verbindung) an die Körperseele weiter. Diese wiederum ist ›Informationsgeber‹ für das weitere Wachstum der Zellen eines Menschen.

Im alten Wissen *ist* **jede** *Erkrankung* **ein** ›**Zustandsbericht der 1+4 Verbindung‹ eines Menschen**. Es heißt im alten Wissen, diese ›Informationsweitergabe‹ erfolgt über das Astrallicht.

Dein gesamtes Leben in *dieser* Welt dient dazu, die 1+4 Verbindung der ›oberen Seele‹ durch deine, in deinem Körper wohnende ›untere Seele‹, und deren mitgegebenen Aufgaben zu erfüllen.

18. Impuls
Der Ursprung aus dem alten Wissen
- das ›HÖCHSTE Bewusstsein‹,
  das ›HÖCHSTE Sein‹,
- das ›absolute Sein‹,
- der Ursprung im/des Menschen,
- »JHWH« (Die absolute Stille)
- Im fernöstlichen Wissen finden wir für diesen Zustand das Wort »Samādhi« (Sanskrit: tiefe Versenkung, Sammlung).

Andere Begriffe im alten Wissen:
- Zeitlos
- Raumlos

- Unbegrenzt
- Der Urgrund
- Das Ewige
- Das Nichts
- Die Leere
- Die Quelle der Schöpfung
- Die höchste Intelligenz
- Nicht-Dualität/Non-Dualität
- Nicht-Erschaffenheit
- Der urhebräische Zahlenwert <1000>
- Das ›Eine‹ ohne ein ›Zweites‹
- Die <0> – die Null
- Das All
- Aus SEIN entspringt Bewusst-SEIN

– Für menschliches Denken undenkbar und unvorstellbar! –

»JHWH« (Der ›Chef‹ des Ursprungs)
›Gott der Stille‹ im Ursprung, das ›HÖCHSTE Bewusstsein‹ *im*
Menschen, der ›Alte vom Berge‹, unser erster Bibelgott.

- Der Gottesname im Ursprung
- Die urhebräischen Zahlenwerte des Namens »JHWH«:
  <**10–5–6–5**>, mit dem Zahlengesamtwert <**26**>
  ✎ *siehe 163. und 177. Gedanken-Impuls*

Es handelt sich um den *unaussprechlichen* Namen Gottes.

Seine Eigenschaften sind: der ›ruhende Gott‹, der ›nicht-aktive Gott‹
Nur für den Menschen im non-dualen Bewusstsein erfahrbar.

Der Ursprung teilt sich in *drei Bereiche*…

Der ›Inhalt des Ursprungs‹ aus kabbalistischer Sicht

1. Bereich
»Ain« (Urhebräisch)

- Das ›Nichts‹, das Ewige, die Ewigkeit, das Nicht-Sein, die Leere, die grenzenlose Quelle.
- »Ain« ist »JHWH«.
- Ein Zustand *vollkommener* Stille, jenseits aller Dualität und Polarität.
- »Ain« ist der Anfang und das Ende, ist Gut und Böse, ist Licht und Finsternis – und ist es nicht.

2. Bereich – dem 1. Bereich nachfolgend
»Ain Soph« (Urhebräisch)

- Die Unendlichkeit, unendliche Ausdehnung, die ›Konzentration des göttlichen Geistes‹, der Ursprung aller Schöpfungsbedingungen, erstmaliges aktives Sein in Einheit.

3. Bereich – dem 2. Bereich nachfolgend
»Ain Soph Aur« (Urhebräisch)

- Das ›Ur-Licht‹, der ›Ur-Äther‹, die Manifestation des ›Seins im Nicht-Sein‹.
- Als Abfolge aus dem 1. und dem 2. Bereich.
- Aus diesem *Sein* (›Ur-Licht‹) wird in der weiteren Abfolge ›Bewusst-Sein‹.
- *„Es werde Licht; und es ward Licht.“*: Die erste Handlung (von »Elohim«, des aktiven, ›lebendigen Gottes‹) in der biblischen ersten Schöpfungsgeschichte. Aus dem SEIN (*Ursprung*) entsteht *Bewusst*-SEIN, noch in Einheit, im Feld der Schöpfung.

– Für menschliches Denken undenkbar und unvorstellbar! –

17. Impuls
Das ›Ur-Licht‹

Das ›Ur-Licht‹ ist im Ursprung (der Ewigkeit) zuhause und der Baustoff für *ALLES* in *ALLEN* Welten.

Das ›Ur-Licht‹ wird im alten Wissen auch ›Funke(n)‹, der ›*göttliche* Funke‹ genannt: Urhebräisch »nizuz« (Zahlenwerte <50–90–90>).
✎ *siehe 141. Gedanken-Impuls und mein YouTube-Kanal „**Bernhard P. Wirth**", Video: 1+4-Impuls zum 3. Advent - Die Funken*

Die 22 urhebräischen Buchstaben (Zeichen) und die 10 + 1 Sefiroth bestimmen, welche Formen das ›Ur-Licht‹ auf dem Weg durch die Welten annimmt.

Durch den ›Bruch der Gefäße‹ (kabbalistisches Wissen) hat das ›Ur-Licht‹ sozusagen eine Sturzgeschichte hinter sich.

In *unserer* Welt »assiah« (4. kabb. Welt), in seiner Ausgießungsebene hier auf Erden, wird das Ur-Licht als »schechinah« oder auch ›Schechinah-Licht‹ bezeichnet.

Die »schechinah« wohnt, lebt *hier* in der Verborgenheit in ALLEM. In *ALLEM* meint in ALLEM: Und dies kennt keine Ausnahme!
Denn: ›**Alles ist Licht der 1. Schöpfung**‹.
Hinweis: Hier ist nicht die 1. Schöpfungsgeschichte des AT gemeint.

- In *Allem*, was wir durch unsere fünf Sinne wahrnehmen, wohnt das ›Schechinah-Licht‹.
- In *jeder* Zelle unseres menschlichen Körpers wohnt ebenso die verborgene »schechinah«.
- In *jedem* Gedanken und in jedem Wort, das der Mensch ausspricht, wohnt die verborgene »schechinah«.
- In *jedem* Ding, auch wenn es künstlich hergestellt wurde, in *jeder* Blume, in *jedem* Regentropfen wohnt das ›Schechinah-Licht‹, denn ›Alles ist Licht!‹

Die »schechinah« sehnt sich nach ihrer Befreiung, sehnt sich nach ihrer Ursprünglichkeit.

Die „linke Seite", das Böse, hat die Umhüllungen, die Schalen‹, in denen die »schechinah« wohnt, **immer mehr verhärtet.**

Die »schechinah« ist durch die „linke Seite" immer tiefer in Gefangenschaft geraten und möchte aus den ›bösen Schalen‹ in unserer Welt befreit werden.

In der Symbolik der 16. Tarot-Karte finden wir das Geschehen in unserer wundersamen Zeit. ✎ *siehe 28. Gedanken-Impuls*

Nun beginnt *schrittweise* **die Befreiung der »schechinah« durch Menschen der „rechten Seite".**

Das urhebräische Wort für diesen Vorgang ist »tikkun« und meint: Heilung, etwas heil, wieder ganz machen.
✎ *siehe 100. Gedanken-Impuls*

Auch die bitteren Dinge des Lebens, die zu uns kommen, möchten vom ›Ur-Licht‹ befreit werden, denn in *Allem* ist das ›Schechinah-Licht‹.

Bei der Heilung eines erkrankten Menschen muss das in Gefangenschaft geratene ›Schechinah-Licht‹ auf *allen* Ebenen (ob Gedanken, ob Körper, ob Umfeld des Erkrankten) befreit werden. Nur dann ist es ein ›wieder Ganzmachen‹.
Aus dem alten Wissen:
- Die »schechinah« ist die ›weibliche Seite Gottes‹. Es ist der weibliche Aspekt Gottes.
- Die »schechinah« ist das ›Gegenüber‹ Gottes.
- Die »schechinah« fehlt Gott zur Stunde, seit der Schöpfung. Dies macht Gott unheil.
- Auch alle 7 Seelenglieder des Menschen sind letztendlich Licht der ersten Stunde (Schöpfung).

Aus dem magischen Wissen:

- Ganz langsam, ganz allmählich steigt auf die Erinnerung an ihre königliche Herkunft, aufkeimt ihre Sehnsucht nach dem Höchsten, die Sehnsucht nach Vereinigung mit IHM.
- Gold ist der Alchemistische Ausdruck des Ur-Lichtes. Blei ist die eingeschlossene »schechinah« in der Materie, auch das Knochenlicht des Menschen muss alchemistisch befreit werden: Aus Blei mach Gold.

Lasst uns bitte der »schechinah« helfen, sie wünscht es sich so sehr!!!

16. Impuls
Hier ist der Himmel auf Erden – *Die 1. Inspiration von Lissy*

Jeder sollte sich von Zeit zu Zeit mal setzen
und nicht ständig nur noch hetzen.
Einfach mal im Hier und Jetzt
sich nach und nach befreien von diesem Netz.
Nicht immer nur im Hamsterrad rennen,
sondern lieber mal die Fäden durchtrennen.
So lösen sich Blockaden auf
und du bist immer besser drauf.
Hast du deinen Sinn verstanden,
kommst du auch ins richtige Handeln.
So lebst du leicht und auch noch froh
und das ist die Hauptsache sowieso.
Dann kommst du aus diesem Ruh´n
auch noch ins vernünftige Tun.
Auf dem Weg auf dem du gehst
und der Wind der um dich weht
werden gute Samen in die Welt gesät.

15. Impuls
Der Begriff ›Schalen‹ im alten Wissen
Das urhebräische Wort »klippah« mit den Zahlenwerten
<100–30–10–80–5>, bedeutet Schale, Hülle. Mehrzahl: »Klippoth«.

In der biblischen Symbolik lesen wir von der Nuss mit harter Schale.

Die ›Funken‹ sind durch den ›Bruch der Gefäße‹ hier auf Erden ins
Exil (weg von Zuhause) geraten. Sie sind wie Scherben zu Boden
gefallen und werden umhüllt.
Die ›göttlichen Funken‹ in ALLEM müssen durch den Menschen von
den ›Schalen‹ befreit werden. ✍ *siehe 141. Gedanken-Impuls*

›Schalen‹-Bildung meint die <nur 4-Entwicklung>.

Die ›Schalen‹ sind die Scheinwelten und Spukwelten auf Erden und
werden von den Dämonen und »Schedim« am Leben erhalten.
✍ *siehe 62. Gedanken-Impuls*

Symbolisch: Die ›Schalen‹ sind das Gift der Schlange aus dem
Paradies. Durch das Gift der Schlange wird der Mensch krank.

Der Körper des Menschen ist die ›Schale‹, Umhüllung, die <4> aus
dem Schöpfungsprinzip 1:4. Pflege ihn, jedoch mache deinen Körper
nicht zur „Bewunderungsstätte"!

Das Ego des Menschen liebt diese ›Schalen‹.

Die Masse der Menschen spielt zur Stunde noch gerne mit den
›Schalen‹, mit der ›Nur-Umhüllung‹. Sie vergessen dabei ihre Seelen.
Der Kranke macht *zu viele* ›Schalen‹ auf seinem Lebensweg.
✍ *siehe mein Buch: „Tränen der Seele"*
Wer sich der Vielheit, den *Fliegen*, hingibt erzeugt ›Schalen‹ und wird
dadurch krank. Die äußere Kausalität, das *Nur-logisch-Denken* des
Menschen machen ihn krank. ✍ *siehe 26. Gedanken-Impuls*

Am Sabbath, dem 7. Schöpfungstag, gehe in die Ruhe, habe keinen Kontakt mit ›Schalen‹, sonst wirst du ›unrein‹.
↳ *siehe 14. Gedanken-Impuls*

Wer ›Schalen‹ nimmt, begeht ›Blutvergießen‹.

Aus der **harten Nussschale** muss in deinem Leben eine leichtzerbrechliche Eierschale werden. Oder eine **weiche Apfelschale**.

Die ›Schalen‹ hier auf Erden, die Umhüllungen von ALLEM, die <4> (die <gute 4>) aus dem Schöpfungsprinzip 1:4, sollen *als Körper* dienen, damit der Mensch *hier* die 1+4 Verbindung herstellen kann.

Das Böse, die <böse 4>, die *bösen* ›Schalen‹ soll(en) vom Menschen *nicht* aufgenommen werden.

14. Impuls
Von der Unreinheit des Menschen
Die ›UNREINHEIT‹ ist die Vielheit in unserer Welt.

Der Begriff ›unrein‹ wird im alten Wissen verwendet, wenn der Mensch von seiner Ursprünglichkeit abgeschnitten ist.
Der ›unreine Mensch‹ wird als krank beschrieben.
Eine Krankheit wird im alten Wissen als ›das Gewöhnliche‹, ›das Norm-ale‹ bezeichnet.

Gemeint ist damit der **Zustand ›Abgetrenntsein von der 1+4 Verbindung‹**: Ein Mensch kann *körperlich* gesund sein, ist jedoch im Sinne der Nicht-Verbindung *seelisch* krank.

Beispiele aus dem alten Wissen:
- Wenn der Mensch dem rationalen Zufall vertraut und nicht dem ›Zu-Fallen von Oben‹.

- Ein Mensch, der die ursprüngliche UR-Sache seines Lebens nicht sieht. Die UR-Sache, die aus dem UR-Sprung kommt.
- Wenn der Mensch nur nach von Menschen gemachten Theorien und Eingebungen handelt. Diese nehmen dir die gegebene Möglichkeit der 1+4 Verbindung.
- Ein Mensch, der in Trancezuständen seine Erfüllung sucht. *Besuche bewusst deine MENTAL- und GEISTEBENE!*
- Ein Mensch, der die Bibel nur historisch betrachtet. *Lese nicht, was geschrieben steht – entschlüssele!*
- Ein Mensch, der nur in der Vielheit unterwegs ist. *Dein Weg führt von der Vielheit in die EINheit.*
- Ein Mensch, der den Sinn seines Lebens nur an die äußere Welt klebt. *Füge deine äußere und deine innere Welt im Sinne der 1+4 Verbindung zusammen!*
- Ein Mensch, der im Götzendienst, der Unzucht und dem „Blutvergießen" zuhause ist. *Säubere deinen Vorplatz deines Tempels von diesen „Dingen"!*
- Ein Mensch, der nur über die äußere Welt spricht (›böses Sprechen und Hören‹). *Sprich mit Menschen über die 1+4 Verbindung!*
- Menschen, die nur für äußere Ziele leben und dabei das ›Hier und Jetzt‹ vergessen. *Nimm in deinem Leben deine Hier und Jetzt"-Momente bewusst für die 1+4 Verbindung wahr!*

Ich werde diese Liste weiter ergänzen…

Um einen Menschen zu heilen, bringe ihn erst mit dem *Kern*, mit der 1+4 Verbindung in Kontakt, lasse ihn daran genesen, indem man ihn lehrt, die 1+4 Verbindung in sich aufzunehmen.

13. Impuls
Der 23. Buchstabe des urhebräischen Alpha-beth-s
Der verborgene 23. Buchstabe ist der 13. einfache Buchstabe.
✎ *siehe 161. Gedanken-Impuls*

Sein urhebräischer Zahlenwert ist die <500>.
Symbolisch: Das ›Maß zwischen Erde und Himmel‹.
Es ist eine »Schin« (21. Buchstabe, Zahlenwert <300>, Zahn), die
piktographisch als Zahn mit 4 (statt 3) Spitzen dargestellt wird.
Darin liegt das Geheimnis verborgen.

Der 23. Buchstabe kann *nur* im Schweigen vom Menschen gehört,
nicht in Sprache umgesetzt werden.
Der 23. Buchstabe gibt dem Menschen die Antwort.
Er ist im ›Segen des Priesters‹ verborgen (›*Segen*‹ meint Brücke).
Die Thora kann den verborgenen 23. Buchstaben nicht *aussprechen*,
dadurch kann die <böse 4> ihm nichts anhaben.

›Gott‹ benutzt den 23. Buchstaben beim ›sprechenden Schweigen‹ mit
dem Menschen aus dem ›Nichts‹.
Denken Sie hier an ›Zu-fälle und Ein-fälle‹!

Der urhebräische 23. Buchstabe ist das Verborgene in unserer Welt.
Im Tarot ist die 21. Karte unsere Welt, die »Schin« mit 3 Zahnspitzen.

Die mystische Rose hat sechs rote und sechs weiße Blütenblätter
(›Leben und Tod‹) und ein 13. Blatt, das keine Farbe zeigt.
Dies ist der verborgene 23. Buchstabe. ✎ *siehe 67. Gedanken-Impuls*

Wenn das „›HÖCHSTE Bewusstsein‹.im Menschen mit dem
Menschen *schweigend* spricht (MOSES ✎ *siehe 8. Gedanken-Impuls*),
wird der 23. Buchstabe mitverwendet.

12. Impuls
DAVID in der Bibel
Lese nicht, was geschrieben steht – entkleide!

DAVID ist der ewig bestehende König, der Gesalbte.
Der Erlöser der Zukunft.

DAVID gehört dem 7. Geschlecht an und ist somit Vater des
8. Geschlechtes.

DAVID kommt aus der <50> und bereitet die <8>, den 8. Tag, die
kommende Welt vor.

DAVID wird in »Beth lehem« (›Haus des Brotes‹), mit dem
urhebräischen Zahlenwert <490> geboren.
DAVID wurde *im* Jahr der Schöpfung und dem Jahr *nach* der
Schöpfung geboren.

Die Regierungszeit des König DAVIDS dauerte 40 Jahre.

DAVID konnte das ›Haus für Gott‹ (Tempel) nicht bauen, sondern erst
sein Sohn SALOMON.
ᗌ *siehe mein Buch:* **„Impulse vom Mystischen Wissen"**
164. Impuls: Dein Tempel in dir

DAVID stirbt kurz vor der <8>. Er ist ein 7. im 42. Ort in der Bibel
(Jordan), dem letzten Ort vor der 1+4 Werdung.

Der **Zahlenwert <42>** steht für die 42 Orte, Stationen, ›ruhenden
Zustände im Menschen‹ in der Wüste auf dem Weg von Ägypten nach
Kanaan (das ›Gelobte Land‹).
Es sind 42 Namen für Ruhe- und Bewegungszustände.
Die 42 Wege um der 1+4 Verbindung näher zu kommen.

ᗌ *siehe 86. Gedanken-Impuls und zu den „42 Orten der Bibel":*
https://www.bernhard-p-wirth.de/lexikon-bibel/die-42-orte-bibel/

11. Impuls
Du bist nicht tot, wenn du tot bist... -
Der Tod als *>Prinzip Rhythmus<*
und die Bewusstseinsveränderung nach dem Tode

Das einzig sichere im Leben eines Menschen ist sein körperlicher Tod. Alles Andere ist *māyā*, ist Illusion, Täuschung. Mit dem Eintritt des Menschen in *diese* Welt wird das Verlassen aus *dieser* Welt unwiderruflich als >Prinzip des Rhythmus< festgelegt.

Das Bewusstsein (Gedanken und Denken) nach dem Tode:
Unsere Gedanken und unser Denken ist *wie alles andere auch*, eine Sturzbewegung aus dem >Jenseitigen<.

>**Heiliger Geist**< (im Ursprung)
↓
Die **Geistebenen des Menschen**
↓
Die **Mentalebene des Menschen**.

✍ *siehe 148. Gedanken-Impuls und die Bewusstseins-Ebenen des Menschen in meinem Buch „**Verschluss-Sache: B I B E L**"*

Unsere Mentalebene
- ist unser Werkzeug für unser Denken und unsere Gedanken,
- wird während unseres Lebens „gefüttert" mit *Lebenserfahrungen, Werten, Glaubenssätzen, Moral, Einstellungen*, usw.,
- ist Bestandteil unserer Mentalebene *auch* im Augenblick des Todes.

Mit dem Verlassen des Körpers ist die irdische Bewusstseinsebene >Gedanken und Denken< *ohne* Raum- und Zeitbindung zunächst noch als >Seil< weiter vorhanden.

Aus einem >mentalen Seil<, *symbolisch* gemeint, wird mit der Zeit ein hauchdünner, durchsichtiger Bindfaden, ebenfalls *symbolisch* gemeint. Unsere Raum- und Zeitbindung hingegen ist im >momentanen Wartezimmer< für das Bewusstsein der >unteren Seele< *nicht mehr* gegeben.

Im ›Wartezimmer‹ muss der Mensch erstmal seine mitgebrachte Mentalebene mit ihrer angesammelten Fülle weiter nutzen.
In den ersten Stunden nach dem körperlichen Tod steht die Mentalebene mit all dem Inhalt weiterhin *zu 100%* zur Verfügung.

Besuche der nahen Verwandten, Stunden nach dem körperlichen Tode, sind daher sehr wahrscheinlich. Und viele andere Phänomene... Der Aufenthalt im Wartezimmer kann unendlich lang sein, wenn ein *Mensch* nicht weiterziehen *kann, will, mag.*

Nur durch das Weiterziehen geht allmählich die ›Qualität der Mentalebene‹ für *diese* Welt gänzlich verloren.

↳ *siehe hierzu mein YouTube-Kanal* **„Bernhard P. Wirth"**
   Video: Die zwölf Stationen des Todes

10. Impuls
Das Kybalion
Wenn wir uns den hermetischen Lehren aus dem Kybalion nähern, noch einige wichtige Blickpunkte für das Hören und das Verständnis der hermetischen Prinzipien.

Vielleicht haben Sie das Buch „Kybalion" schon einmal oder mehrmals angelesen, fertig gelesen oder auch durchgearbeitet – Verstanden? *Unmöglich* – werden Sie mir wahrscheinlich zurufen, denn die Texte und deren Inhalte erzwingen ein „schichtenweises" Verstehen. Lesen, Hören, Lernen und im täglichen Leben Integrieren und wieder Lesen, Hören, Lernen und im Alltag Anwenden usw. usw.

Es ist wie das Bemalen einer Wand mit verschiedenen Farbschichten bis ein gewünschtes Endergebnis dabei raus kommt.
Im Kybalion steht geschrieben:
„Wenn die Ohren des Menschen, des Schülers, bereit sind zu hören, dann kommen die Lippen, sie mit Weisheit zu füllen."

Das Kybalion ist eine alte hermetische Lehre, die die Naturprinzipien von Welt und Mensch beschreibt. Mit und auch ohne Menschen wirken diese ›unveränderbaren Prinzipien‹, denn es sind **keine Gesetze**!

Gesetze sind <u>von Menschen gemacht</u> und können täglich verändert werden, während **Prinzipien** <u>für den Menschen</u> erschaffen worden sind und nicht durch ihn erschaffen.

Die historische Spurensuche der hermetischen Lehren würde uns in das alte Ägypten und in das alte Griechenland führen: die *Wurzel* der geheimen Überlieferung ist der Name HERMES, ›Gott der Weisheit‹. Im deutschen Wortschatz finden wir das Adjektiv „hermetisch", was ›nicht allen zugänglich‹ bedeutet. Doch durch das Büchlein „Kybalion", das erstmals 1908 in Chicago USA durch unbekannte Verfasser erschien, wurde die bis dahin *nur* „von Mund zu Ohr" überlieferte Lehre, in wichtigen, inhaltlichen Auszügen schriftlich verfasst und veröffentlicht.

Der Original-Text des Kybalion ist für den heute lebenden, modernen Menschen schwer einleuchtend, da viele Textstellen von den ›drei Eingeweihten‹ bewusst verschlüsselt geschrieben wurden. Für eine tiefe Entschlüsselung der Inhalte von Kybalion bedarf es eines ›Wissens‹ um das *ursprüngliche* Denken jener Zeit.

Ich lade Sie ein, die ›sieben hermetischen UR-Prinzipien‹ aus Sicht der geheimen Lehre, aus dem Verständnis der *analogen* Erklärung und durch lebensnahe Beispiele in sich aufzunehmen und Welt und Mensch auch mit der Brille der UR-Prinzipien zu sehen und verstehen zu lernen. Mit dem Endziel: In Ihrem täglichen TUN, mit den sieben Urprinzipien, *ihre Handlungen im Sinne der Natur zu verwirklichen.*

Zu den sieben hermetischen Prinzipien finden wir in Kybalion folgende Textstelle: „*Die Prinzipien der Wahrheit sind sieben; derjenige, der sie kennt und versteht, besitzt den Meister-Schlüssel, durch dessen Berührung alle Tore des Tempels sich öffnen.*"
✤ *siehe 137. Gedanken-Impuls*

9. Impuls
Pentagramm

Griechisch: »*penta*« (fünf), »*gramma*« (Geschriebenes).

Synonyme:

»*signum Pythagoricum*« (lat.) als Zeichen der Pythagoräer.

»*signum Hygeae*« als Zeichen der *Hygieia*, der Göttin der Gesundheit.

Bei Pythagoras war das Pentagramm das **Zeichen der Gesundheit.**

In der magischen Literatur des Abendlandes wird das Pentagramm besonders häufig auch Drudenfuß genannt, weil man sich seiner zur Abwehr von Hexen und Druden (auch Druten, böse weibliche Nachtgeister) bedient. Es gilt als **gefahrenabwehrendes Zeichen.**

Goethe, Faust I, 1396: „*Das Pentagramma macht dir Pein?*"
[Anmerkung d. Verf.: Das Pentagramm muss allerdings vollständig geschlossen sein, sonst verliert es seine Wirkung.]
„*Beschaut es recht! es ist nicht gut gezogen;*
der eine Winkel, der nach aussen zu,
ist wie du siehst, ein wenig offen." (**Faust I, 1400-1403**)

Die verschiedenen Formen des Pentagramms können dann *weißmagisch*, wenn die Form nach oben zeigt – oder *schwarzmagisch*, mit der Spitze nach unten, gedeutet werden.

Eine bedeutende Rolle ist dem Pentagramm in der Freimaurerei zugewiesen. Dort gilt es – manchmal mit Strahlen oder Flammen versehen – als ›Flammender Stern‹, der in der Mitte ein *G.* hat.
Die Deutung des **G** ist vielfältig: Geometrie, Gott, Gnosis (Erkenntnis), Gloire, usw. Das Pentagramm gilt in der Alten Freien und Angenommenen Maurerei als das Symbol des Gesellengrades.

Anders die Deutung von Eliphas Lévi, der im Pentagramm das **Symbol für die ›Beherrschung der vier Elemente durch den Geist‹** sieht. Nach ihm kann man mittels dieses Zeichens die Dämonen der Elemente (*Luft, Feuer, Wasser und Erde*) fesseln.

8. Impuls

1+4 oder 4+1 Verbindung der ›unteren Seele‹

Die **4+1 Verbindung** meint *auf dem Weg* zur 1+4 Verbindung:
Die <4> mit der <1> im Leben verbinden.

Die **1+4 Verbindung** meint: Die ›Verbindung‹ ist hergestellt.
Anschließend geht es *wieder* in die ›4+1 Verbindungssuche‹.

Das alte Wissen er-zählt uns hierzu bei MOSES:
MOSES hat die 1+4 Verbindung bei der Offenbarung auf dem Berg
Sinai (durch seinen *Stab* - das menschliche Nervensystem) hergestellt.
›Gott‹ hat mit MOSES auf dem Berge (›HÖCHSTES Bewusstsein‹)
gesprochen. Anschließend muss MOSES wieder hinunter vom Berg
(›HÖCHSTES Bewusstsein‹) und zurück zu seinem ›Volk‹ (die
Eigenschaften des Menschen). Das ›goldene Kalb‹ (die Körperlichkeit
und das Ego) erwartet MOSES schon.

Wieder beginnt die Suche nach der 1+4 Verbindung über den Weg der
4+1 Verbindung. **Bis auf wenige Momente (1+4 Verbindung) ist
der Mensch *immer* auf dem Weg 4+1.**

7. Impuls

Der »Purusha«

Ein fernöstlicher Begriff für die Seele. Sanskrit: Mensch, Mann.
»*UR-Purusha*«: im Ursprung, meint vollkommene Erlösung.
»*Purusha*«: die obere, unsterbliche Seele, das ›Heilige‹.
»*Yantra-Purusha*«: die untere, sterbliche Seele, die dem ›ICH-
Macher‹ nahe steht, das Nicht-Heilige; »*Yantra*« meint Abbild.

Der persönliche, irdische, individuelle »Purusha« ist nur im ›Zustand
der Tiefenversenkung‹ erfahrbar.
Es gibt noch einen *universellen* »Purusha«, die **Weltseele**.
✥ *siehe 24. und 49. Gedanken-Impuls*

6. Impuls
5. Weltbild
Die Ewigkeit.

Die Eigenschaften der Einheit, und die für den Menschen undenkbare
›Bewegung in der Einheit‹, in die Ewigkeit.

Im kabbalistischen Wissen ist es die Phase ab ›Der Heilige Alte‹ bis
zum Ursprung, »JHWH« – Ebene, somit »Ain« (das ›Nichts‹).
✎ *siehe 18. Gedanken-Impuls*

5. Impuls
Synchronisation
Das Wort synchron vereint zwei altgriechische Wortstämme:
σύν »**syn**« (mit, zusammen) und χρόνος »**chronos**« (Zeit).

Es bedeutet im ursprünglichen Sinne ›**gleichzeitig**‹.
- *Gleichzeitig* im ›Diesseits‹ *und* im ›Jenseitigen‹.
- ›Wie oben, so unten‹ heißt es in der Hermetischen Tradition.
- Bei C. G. Jung lesen wir: ›Wie Innen, so Außen‹,
  gemeint als ›innen wie außen‹.
- In der Tradition F. Weinrebs: Wenn du *hier* die 1+4
  Verbindung machst, wird es dem ›Himmel‹ gemeldet.
- »**Syn**« = **Synagoge**: ›Sonnenaufgang und Sonnenuntergang‹
  (Zeit), Zusammensein.
- Im Buddhismus ist es die ›Einsicht in den ewigen Geist‹.

Leider wird der Begriff ›Synchronizität‹ in der <böse 4> ver-
rationalisiert, nur mit dem **b**ekannten **V**erstand erklärt.
✎ *siehe 84. Gedanken-Impuls*

4. Impuls
Sophia

Griechisch: die Weisheit.

Gilt als göttlich, als ›Geschenk Gottes‹ und wird im ›Alten Bund‹
(AT) personifiziert dargestellt [SPRÜCHE 8: 23-31, Weisheit 7: 26 f.].

In den verschiedenen gnostischen Schriften erscheint die Sophia dann
in vielfältiger Gestalt:

Einmal ist sie das ›weibliche Urprinzip‹, dann ist sie die Mutter des
Demiurgen, so bei Valentinus und in der Barbelo-Gnosis.

Die hebräische Übersetzung von sophia ist »chokmah«, weshalb
gelegentlich der Name ACHAMOTH zu lesen ist.

✍ *siehe mein Buch:* „*Impulse vom Mystischen Wissen"*
    65. Impuls: Die zweite Sefira vom Baum des Lebens – CHOKMAH

Durch ihren Fall aus der ›Sphäre des Lichts‹ ist sie *eine* Ursache für
die Entstehung der niederen, lichtlosen Welten.

3. Impuls
Gnosis

Griechisch: [Er-] Kenntnis.

Die ›echte Gnosis‹ ist eine Religionsform, die im 2. Jh. n. Chr.
entstanden ist und in sich christliche, jüdische und hellenistische
Elemente vereinigte. Im Laufe der Zeit bildeten sich aus den
gnostischen Lehren verschiedene Schulen und Gruppen heraus.

Gemeinsam ist allen Schulen ein *religiöser Dualismus*: die
Vorstellung von einer Welt des Lichts und der Materie.
Die materielle Welt ist das Ergebnis eines urzeitlichen Falles von
Emanationen (ein *›Hervorgehen von/aus etwas‹*), die die Lichtwelt
verlassen und dann die materielle Welt geschaffen haben.

Die Gnosis ist im Laufe weniger Jahrhunderte in den etablierten Religionen aufgegangen und hat als eigene Religionsform nicht überlebt.

2. Impuls
Demiurg
Griechisch: ›Handwerker‹.
Meint ›Gott‹ als Weltschöpfer, Bildner der Welt.
In der *Gnosis* ist er ein Geschöpf der Sophia.
✥ *siehe 3. und 4. Gedanken-Impuls*
Der Herrscher, der Fürst über die materielle Welt.
Je nach Zeitdenken einer Kultur erfährt der Begriff ›Demiurg‹ eine unterschiedliche Semantik und herrschen unterschiedliche Vorstellungen einer demiurgischen (weltschöpferischen) Macht.

1. Impuls
Was sind seelenlose Menschen im alten, kabbalistischen Wissen?
Menschen, die sich freiwillig und aus sündiger Einstellung heraus ihrer Seele entäußert haben.
Widersacher des ›Parakleten‹ (*Geist der Wahrheit*, ›*Heiliger Geist*‹).
Es gibt aber auch Seelenlose, die ganz anders beschaffen sind.
Es kommt hier ganz auf die Eigenschaft der Seele an,
ob hier Psyche verstanden wird oder ›Untere Seele‹.
Wer seine Psyche getötet hat, ist doch wohl ganz anders beschaffen,
wie der, der die sterbliche ›Untere Seele‹ - die unsterbliche Seele ist die ›Obere Seele‹,
aus sich vertrieben hat.
Die seelenlosen Körpertöpfe,
lebende Menschen, die wohl immer vorkommen,
auf die würde ein uralter Guru wohl nicht warten.
Er würde sie nicht erlösen wollen, weil hier nichts zu erlösen ist.

Sie würden wohl dahinvegetieren und einmal würde der Körpertopf vergehen.

Wie ist das mit ihnen?

Die Antwort:

Diese Frage ist ungemein komplex und daher schwer mit wenigen Worten zu beantworten.

Wenn es sich um Menschen handelt, die ihre ›Untere Seele‹ aus sich vertrieben haben, mag das zutreffen, was Du sagst.

Was die Häufigkeit dieser seelenlosen Menschen anbelangt, sind es ja nicht einfältige Verbrecher oder Zurückgebliebene.

Es gehört im Gegenteil sehr viel dazu, Gott in sich zu ermorden.

Nur sehr subtile Menschen sind überhaupt in der Lage, die Sünde wider den Parakleten (*Geist der Wahrheit, ›Heiliger Geist‹*) zu begehen.

Aber auch auf solche warten gewisse Konsequenzen.

Auf einem Missverständnis scheint es aber im Übrigen zu beruhen, wenn Du sagst, die Gurus wollen erlösen. So ist das nicht.

Die Gurus haben gelobt nicht eher ins Nirvana einzutauchen, ehe sie alles getan haben, was in ihrer Macht liegt, um den unerlösten Menschen den Weg zur Erlösung zu zeigen.

Sie geloben vielmehr nicht ins Nirvana (*Verlöschen*) einzugehen, so lange sich ein Mensch nicht selber erlöst hat.

Dazu wollen sie freilich behilflich sein, indem sie die Wege dazu aufzeigen.

Das scheint ein Wortspiel zu sein, weil es auf dasselbe herauszukommen scheint, aber es ist doch eine kleine Verschiedenheit in der Haltung.

Diese echt-Seelenlosen, diese großen Sünder aber sind nötig, als Spiegel des dunklen Gottes, als hemmender Widerstand, an dem sich die Kraft entfaltet.

Sie sind brüderliche Schatten.

Biographisches über den Autor
Bernhard P. Wirth

Die längste Zeit meines bisherigen Erdenlebens - über 40 Jahre - habe ich damit verbracht, den „Alten Geheimnissen der Selbsterkenntnis" auf die Spur zu kommen.

Vier Kulturen und Traditionen sind die Grundpfeiler meiner Studien:
- Die ursprünglichen „Hebräischen Überlieferungen"
- Die „Smaragd Tafeln" in der Hermetischen Tradition
- Die altägyptische Weisheitslehre nach TOTH
- Das „Sanskrit" im Hinduismus

Nicht dem Historischen galt mein Interesse, sondern den darin verborgenen Weisheiten und geheimen Lehren. Mit jedem weisen Buch, das ich durchgearbeitet habe, entstand in mir ein immer größerer Wissensdurst. Jeder Themenraum, in den ich eintrat, hatte meist weitere Wissens–Türen, die es zu durchschreiten galt. Je mehr ich aus den alten geheimen Büchern wusste, umso mehr wurde ich motiviert, weiter und tiefer zu entschlüsseln – ohne genau zu wissen, was ich „eigentlich" suchte. Der Weg der Selbsterkenntnis war und ist das Ziel.

Die Anzahl der von mir durchgearbeiteten Bücher und Schriften überschreitet in einigen Fällen die Menge an Büchern, die Geheimbünde, Logen oder Freimaurer-Orden ihr Eigentum nennen. Doch stellten sich mir immer wieder neue Hindernisse und Hürden in den Weg: Diese geheimen Bücher gab und gibt es in keiner Buchhandlung -- sehr, sehr selten in einem nationalen oder internationalen Antiquariat. Und wonach sollte ich suchen, wenn die Schriften und Autoren unbekannt waren und sind? Nur durch Gespräche mit bereits Wissenden, die meist diese Bücher oder Schriften ihr Eigen nannten oder sie kannten, diese aber nicht wirklich offenlegen wollten (Warum wohl?), geschweige denn, mir auszuleihen bereit waren -- verständlicherweise! - erfuhr ich davon.

Durch das Internet hat sich diese Situation in der heutigen Zeit schon leicht verbessert. Zumindest ein vorsichtiges Recherchieren im Netz nach bestimmten Spuren der Mystik (*„Mystik"* meint: geheimnisvoll) ist machbar. Doch das wahre, geheime Wissen ist auch im Netz nicht zu finden.

Denn der große Unterschied lag und liegt in der Offenbarung von Wissen: *Esoterisches Wissen* – nur in Bünden bekanntes, jedoch der Allgemeinheit nicht offenbartes Wissen, und *exoterisches Wissen* – der Allgemeinheit offenbartes Wissen. Hier liegt der große Unterschied zwischen Esoterik und Exoterik, auch inneres Wissen und äußeres Wissen genannt. Da die Inhalte der Texte dieser alten Bücher und Schriften meist ein Gedankengut vor dem Jahre 1700 nach Christi bis 1000 Jahre vor Christi, somit eine Zeitspanne von über 2.700 Jahren darstellen, und die damalige Denkweise und Wortbenutzung nicht im Entferntesten unseren heutigen entspricht, musste ich das andere Denken aus den jeweiligen Zeiten zunächst erlernen - ein ganz anderes Denken. Mit unserem heutigen Denken sind die Texte dieser Bücher mit dem ursprünglichen Wissen nicht im Geringsten zu lesen und zu verstehen, geschweige denn bei der Suche nach dem geheimen, alten Wissen zu nutzen.

Jede Zeitepoche besitzt und benutzt „eigene Worte": Worte, die ein „eigenes Leben" in der jeweiligen Zeit entwickeln und danach wieder verloren gehen. Das Wissen um dieses „eigene Leben" und deren Bedeutung gehört zu dem Verstehen der alten, geheimen Texte, ein im Heute nicht einfaches Unterfangen. Die ungesäuerten Texte in ihrem Ursprung mit unserem heutigen Denken zu verstehen: Unmöglich! Ab einer gewissen Geheimnistiefe in den Mysterien, sind die geschriebenen Worte und Texte in den alten Texten und Büchern zudem nur noch verschlüsselt. Das Durcharbeiten der geheimen Inhalte, ohne die dazugehörigen Metaphern–Schlüssel, ist nicht nur sinnlos, sondern auch nutzlos. Auch befinden sich willentliche „Vertauschungen" von Inhalten in den Texten, mit dem Ziele der nichtöffentlichen Zugänglichkeit des geheimen Wissens.

Unabhängig davon besitzt jede mystische Tradition ihre eigene Symbolsprache. Nur mit den damaligen Schlüsseln für die alten Symbole ist ein Verstehen des wahren Inhalts der Texte möglich -- bewusste Irreführungen durch Hinzufügungen oder Weglassungen in den Texten und Symbolen für nicht wirklich Wissende mit inbegriffen. Erst in den tiefsten Schichten der Mystik, die wörtliche Übersetzung von Mystik heißt nicht umsonst geheimnisvoll, wird nicht mehr von einem wirkungslosen Wissen um die Mysterien erzählt. Denn es gab und gibt „Arbeiter" zu allen Zeiten, die mit diesem Arkanum „Wunderwerke" vollbringen. Auch besaß früher jede Kultur, jede Tradition und jede Philosophie zugleich ihre eigene, spezifische Wortbenutzung. Heute würden wir „Fachchinesisch" dazu sagen.

Das Erlernen der jeweiligen Semantik war für mich unerlässlich, eine Art Bedeutungslehre: Für Worte aus längst vergangenen Zeiten. Die Zeichen- und Zahlensymbolik der altgriechischen und urhebräischen Buchstaben ist das Fundament der Bedeutungslehre. Mystisches Wissen als Zeichen- und Zahlensymbolik. Eine weitere Eigenart der alten Texte ist die Subjektivität der jeweiligen „Erzähler" und Autoren. Ob durch die zeitliche Strömung und oder durch das persönliche „Neuschaffen wollen" ausgelöst, ist in den alten Inhalten nicht selten ein „Missionsgedanke" zu erkennen. Die Texte aus sogenannten Lehren oder Bruderschaften müssen somit beim Durcharbeiten immer „gereinigt" werden.

Diese Zeilen mögen Ihnen einen ersten Einblick in die Studien, in das Wirken und in das Lehren von Bernhard P. Wirth geben.

Die persönliche Philosophie von Bernhard P. Wirth:

„Wer auf dem Wege ist, ist bereits am Ziel…
…und wer am Ziele ist, merkt, dass er erst auf dem Wege ist."

Weitere Quellenhinweise, Themengebiete und Wissensinhalte von
Bernhard P. Wirth
finden Sie auf folgenden Internetseiten:

www.Bernhard-P-Wirth.de

www.The-Secret-Of-Life.de

www.Bernhard-P-Wirth-Shop.com

Auf den nächsten Seiten stellen wir Ihnen weitere
Publikationen von **Bernhard P. Wirth** vor.

Impulse vom Mystischen Wissen

Wenn Schicksal oder Krankheit deine Seele zum Gespräch bittet…

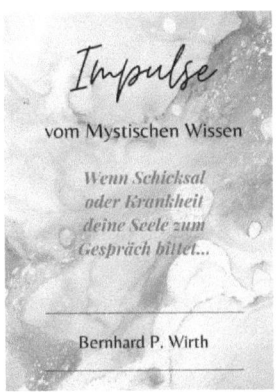

Dieses Wissen-Impulse Buch von Bernhard P. Wirth ist entstanden durch eine halbjährige Impulsreihe für Menschen, die sich dem anderen Wissen nähern wollen.

Die täglichen Impulse entstammen aus den Wissensgebieten:

Die Ursprache der Hebräer
Die „Hermetische Tradition"
Dem Buddhismus
Dem Taoismus
Dem Hinduismus

Die Impulse lehnen sich an das 1:4 Prinzip aus dem Schöpfungsprinzip der Urhebräischen Lehren an.

Wer suchet, der findet!

Paperback │ 296 Seiten │ ISBN-13: 978-3757820466 │ 39,00 EUR
♲ auch als E-Book erhältlich

Verschluss-Sache: B I B E L
Urhebräische Bibel-Übersetzung

Wenn Schicksal oder Krankheit
Deine Seele zum Gespräch bittet…

Die von Bernhard P. Wirth ausgewählten und übersetzten Verse des
"Alten Testament" orientieren sich an dem Grundgedanken:
Das ursprüngliche Wissen über die Grundstruktur von Welt und
Mensch für unser seelisches Leben hier auf Erden.

Die urhebräischen Zeichen und Zahlenwerte bilden dabei den
Ausgangspunkt und die Übersetzungsgrundlage der Kapitel und
Bibelverse. Die entsprechenden Textstellen der Dr. Zunz-Bibel
dienten als Arbeitsgrundlage für das Übertragen ins Deutsche aus der
urhebräischen Zeichen- und Zahlensymbolik.

Paperback | 206 Seiten | ISBN-13: 97833752831702 | 50,00 EUR
✆ auch als E-Book erhältlich

Krankheiten und Schicksale:

Tränen der Seele

Wenn die Seele zum Gespräch bittet…

Erfahren Sie in diesem Buch was ihrer Seele fehlt,
und warum sie zum Gespräch bittet.

Bernhard P. Wirth beleuchtet mit dem ursprünglichen Wissen den
menschlichen Körper, seine Organe und deren Funktionen.

Im Mittelpunkt steht die erkrankte Seele eines Menschen, nicht die
psychosomatische Deutung und Bedeutung von Krankheiten. An über
250 Körperteilen, Organen, Funktionen und Eigenschaften des
Körpers erklärt er den Einfluss der Seele durch
Erkrankung und Schicksal.

Was will die Seele durch Erkrankungen, Schicksal und in besonderen
Lebenssituationen dem Menschen mitteilen?

Paperback │ 96 Seiten │ ISBN-13: 978-3754322321 │ 39,00 EUR
✎ auch als E-Book erhältlich

Wer die Siegel erbricht…

der erfasst es, der versteht es, der kann es!

Ein mystisches Lesebuch für die 1:4 Welt

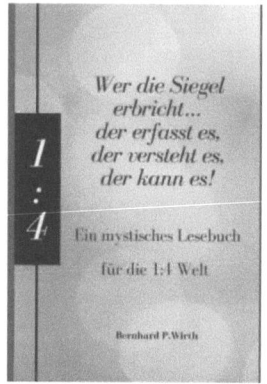

Lies nicht, was geschrieben steht!

In jeder Zeile des Textes dieses mystischen Lesebuches liegt eine tiefe, mystische Symbolik vergraben, die es zu entschlüsseln gilt. Jedes Wort und jede Zahl tragen neben dem äußeren Anschein eine tiefe, mystische Semantik.

Bernhard P. Wirth möchte die Leser dazu animieren, die Texte mit einschlägiger Literatur und den Lexika aus der jeweiligen Tradition und Kultur selbst zu entkleiden.

Der Geist und die Seele des Menschen werden dabei nicht unberührt bleiben.

Taschenbuch │ 84 Seiten │ ISBN-13: 979-8351250557 │ 14,00 EUR

Lexikon für die verborgene Symbolik der Bibel

Wort- und Zahlen-Wurzelbedeutung

Für Menschen, die Antworten auf die Fragen
„Wer?" und „Was?" suchen...

...den ursprünglichen Inhalt der heutigen Bibel verstehen möchten.
...die Reinheit und Klarheit des Urtextes der Bibel verstehen möchten.
...die auf der Suche nach dem ursprünglichen Wissen um die
„Konstitution des Menschen" sind.
...die den ursprünglichen Weg der Selbsterkenntnis verstehen
möchten.

Taschenbuch | 76 Seiten | ISBN-13: 979-8651168033 | 31,99 EUR

Lexikon

Urhebräisch – Deutsch
Zeichen und Zahlen
Buchstaben und Worte

Das Lexikon für Menschen, die sich mit den Themen der Mystik
und den alten Überlieferungen beschäftigen.

Viele Worte und Texte der ursprünglichen Lehren entstammen der
urhebräischen Sprache. Die Symbolik der urhebräischen Buchstaben
als Zeichen und Zahlen zu entschlüsseln, ist eine wichtige Grundlage
für das Verstehen von Texten aus der Tora, der Kabbala, dem Sohar,
dem Jetzirah, dem Bahir und dem Talmud.

Taschenbuch │ 113 Seiten │ ISBN-13: 979-8647070180 │ 31,99 EUR
✍ auch als E-Book erhältlich